C·H·Beck
PAPERBACK

Fremdwörter wie *Abstraktion* und *Advokat, Tinktur* und *Tortur* protzen quasi damit, dass sie vom edlen Latein abstammen. Geheimnisvoller sind die Wörter, denen Klaus Mackowiak hier ihren Auftritt verschafft: Lehnwörter, die aus dem Lateinischen kommen, aber im Laufe der Jahrhunderte bis zur Unkenntlichkeit eingedeutscht wurden. Sie bevölkern unsere Häuser (*Fenster, Kamin, Keller*) und Küchen (*Kirsche, Kohl, Wein*), unsere Kirchen und Schulen und viele andere Bereiche des Lebens. Klaus Mackowiak geht ihnen auf den etymologischen Grund – und stellt dabei fest, dass ihre Geschichte oft nicht erst mit dem Lateinischen beginnt, sondern schon viel früher, bei den Etruskern oder Griechen, Arabern oder Ägyptern. Doch ob *nüchtern, turtelnd* oder *torkelnd* – in allen von uns steckt auf jeden Fall ein echter Lateiner!

Klaus Mackowiak beantwortet seit vielen Jahren als Duden-Sprachberater Fragen zu grammatischen, orthografischen und stilistischen Unklarheiten. Darüber hinaus arbeitet er als freier Lektor und führt Weiterbildungen durch. Bei C.H.Beck sind von ihm u. a. erschienen: «Die 101 häufigsten Fehler im Deutschen und wie man sie vermeidet» ([5]2022) und «Die häufigsten Stilfehler im Deutschen» (2011).

Klaus Mackowiak

Kann Spuren von Latein enthalten

Kleines Lexikon deutscher Wörter lateinischen Ursprungs

Von **abkanzeln** bis **Zwiebel**

C.H.Beck

Für Fränzken

2. Auflage. 2024
Originalausgabe

www.chbeck.de
Umschlaggestaltung: geviert.com, Christian Otto
Umschlagabbildung: Julius Caesar mit Zwiebel (Montage), Druckgrafik (koloriert)/shutterstock
Satz: C.H.Beck.Media.Solutions, Nördlingen
Druck und Bindung: Druckerei C.H.Beck, Nördlingen
Printed in Germany
ISBN 978 3 406 80855 5

myclimate

verantwortungsbewusst produziert
www.chbeck.de/nachhaltig

Inhalt

Einleitung

Sind wir nun endgültig mit unserem Latein am Ende? Durchaus nicht. Eine ganze Menge Latein steckt etwa in Wörtern wie *Flegel* und *Laune*, *nüchtern* und *peinlich*, *torkeln* und *waten* – aber sie protzen nicht so damit. Solchen Wörtern hört und liest man eigentlich gar nicht an, dass sie aus einer Fremdsprache stammen. Und dennoch: Sie gehen auf das Lateinische zurück. Das Besondere an ihnen ist, dass sie als sogenannte Lehnwörter (anders als Fremdwörter) völlig in die Lautung, Morphologie und Orthografie der deutschen Sprache integriert sind. Daher spürt man das Lateinische kaum oder gar nicht mehr heraus und die genauere Erforschung ihrer Herkunft verspricht viele schöne Aha-Erlebnisse. Hätte man etwa ohne Weiteres gedacht, dass solch ein schlichtes deutsches Substantiv wie *Kanne* auf das Lateinische zurückgeht – und vielleicht sogar babylonisch-assyrische Vorfahren hat? Dass das Lehnwort *Berberitze* über das Lateinische hinaus aufs Arabische verweist und das Lehnwort *Tünche* auf eine semitische Sprache, wahrscheinlich auf das Phönizische? Überraschungen dieser und anderer Art wollen wir hier hervorrufen, indem wir Lehnwörtern auf den Grund gehen.

Aber was genau sind eigentlich Lehnwörter? Wie unterscheiden sie sich von anderen Wörtern, die ebenfalls aus anderen Sprachen stammen? Den deutschen Wortschatz kann man nach verschiedenen Kriterien verschieden unterteilen. Die für dieses Buch relevanten Kriterien sind vornehmlich die Integriertheit eines Wortes und seine Herkunft. Danach scheint es nicht völlig verkehrt, zu unterscheiden in:

- Erbwörter
- Lehnwörter
- Fremdwörter
- fremde Wörter

Als Erbwörter bezeichnen wir hier Wörter, die aus dem Germanischen bzw. germanischen Sprachen ins Deutsche gekommen sind. Meist entsprechen sie der Wortgrammatik des deutschen Kernwortschatzes, etwa: *Baum, groß, kommen* (aber doch nicht immer, anders betont als im Kernwortschatz üblich werden zum Beispiel Erbwörter wie: *Bovist, Efeu, Hermelin, Wacholder*).

Als Lehnwörter bezeichnen wir Wörter, die aus einer Fremdsprache entlehnt wurden, sich aber völlig der Wortbildung, der Aussprache und Rechtschreibung des Kernwortschatzes angepasst haben, etwa: *Pferd, kaufen, klar.* Auch Lehnwörter gehören zum Kernwortschatz des Deutschen.

Als Fremdwörter bezeichnen wir hier Wörter, die aus einer Fremdsprache übernommen wurden (man spricht hier auch von «entlehnt», obwohl es keine Lehnwörter sind). Dabei sind sie meist weitgehend der deutschen Morphologie und unterschiedlich weitgehend der deutschen Aussprache und Rechtschreibung angepasst, weisen aber noch mindestens eine «fremde» Eigenschaft auf, sei es im Bereich der Wortbildung, der Aussprache oder der Rechtschreibung. Fremdwörter sind also nicht durchgehend integriert, etwa: *Beton, lackieren, radikal, geleakt.* Aber klar ist: Aufgrund der Anpassungen sind Fremdwörter deutsche Wörter. Denn so etwas wie *geleakt* funktioniert nur im Deutschen, nicht jedoch in der Ursprungssprache.

Unter fremdsprachlichen Wörtern im Deutschen sind hier Wörter zu verstehen, die als Zitat aus einer Fremdsprache in einem deutschen Text verwendet werden, wie etwa: «honi soit qui mal y pense» oder «sic transit gloria mundi». Fremdsprachliche Wörter sind logischerweise keine deutschen Wörter.

Wir stellen hier Lehnwörter vor, die direkt aus einer Form des Lateinischen ihren Weg in eine Form des Deutschen (oder schon ins Germanische) gefunden haben – und gelegentlich auch Ableitungen von solchen Wörtern (wie zum Beispiel *Griffel* als Ableitung vom althochdeutschen Lehnwort *graf*). Ausgelassen haben wir dagegen Lehnwörter, die zwar letztlich aufs Lateinische zurückgehen, aber über andere Sprachen vermittelt wurden, wie etwa *Frettchen* über französisch/(mittel-)niederländisch *furet/fret* (von lateinisch *furo* «Räuber»), *Wirsing* über lombardisch *verza* (von lateinisch *viridia* «Grünzeug», zu *viridis* «grün»), *dissen* über das Amerikanische *to diss* (von lateinisch *dis-* «auseinander-, ver-, zer-») oder *tschüs(s), tschö* über niederdeutsch *adjüs/tjüs*, wallonisch *adjuus*, spanisch *adios* (von lateinisch *ad deum* «zu Gott»).

Wenn allerdings der Weg eines Wortes noch über das Lateinische hinausgeht in andere (frühere) Sprachen, sind wir diesem Weg durchaus gefolgt (wenn er denn erforscht ist), wie etwa bei *metzeln*, das über mittellateinisch *macellare* (schlachten) und lateinisch *macellum* ([Fleisch-]Markt) auf hebräisch *mikela* (Hürde, Umzäunung) zurückzuverfolgen ist.

Und: Bei Lehnwörtern, die einen aus irgendeinem Grund spannenden fremdwörtlichen Verwandten aufweisen oder mehrere, haben wir gelegentlich unter der Rubrik «Übrigens» auf solche Verwandtschaft hingewiesen, wie zum Beispiel beim Lehnwort *Bims* auf das verwandte Fremdwort *Pause* (Durchzeichnung) und außerdem auf das nicht verwandte Fremdwort *Pause* (kleine Erholungszeit). Auch ganz andere interessante Aspekte haben wir in dieser Rubrik bisweilen thematisiert. Kriterien wie Aktualität, Produktivität, Originalität oder Willkür erklären bis zu einem gewissen Grad die entsprechende Beredtheit oder eben auch das Schweigen der Lemmata.

Sprache entwickelt sich über die Jahrtausende. Nach Merkmalen, die über eine gewisse Zeit vergleichsweise konstant bleiben, teilt man sie in verschiedene Epochen auf (was nie so ganz einfach und daher auch nicht so ganz unumstritten ist). So etwas wie Deutsch gibt es nach solcher Einteilung etwa ab dem 7. Jahrhundert. Vorher haben wir es mit dem Germanischen bzw. mit verschiedenen germanischen Sprachen oder Dialekten zu tun. Damit man im Weiteren die Angaben, zu welchem Sprachentwicklungsstand ein Wort gehört, zeitlich einordnen kann, sei hier die übliche Einteilung nach grammatischen und lautlichen Kriterien (auf die wir aber im Einzelnen nicht eingehen wollen) wiedergegeben:

- Germanisch, germanische Sprachen bzw. Dialekte: Mitte des 2. Jahrtausends v. Chr. bis 7. Jahrhundert n. Chr.
- Althochdeutsch: 7. Jahrhundert bis Mitte des 11. Jahrhunderts
- Mittelhochdeutsch: Mitte des 11. bis Mitte des 14. Jahrhunderts
- Frühneuhochdeutsch: Mitte des 14. bis Mitte des 17. Jahrhunderts
- älteres Neuhochdeutsch: Mitte des 17. Jahrhunderts bis etwa 1800
- jüngeres Neuhochdeutsch: 1800 bis 1945
- Gegenwartsdeutsch: ab 1945

Und natürlich ist auch Latein nicht Latein, nicht immer das gleiche jedenfalls. Und es ist für die Bildung von Lehn- und Fremdwörtern nicht unerheblich, wann sie aus dem Lateinischen ins Deutsche fanden, das heißt auch, aus welchem Latein in welches Deutsche. Hier kann man mindestens unterscheiden zwischen:

- Lateinisch (klassisch), Spätlateinisch: bis etwa zum 5./6. Jahrhundert
- Mittellateinisch: 6. Jahrhundert bis Mitte des 15. Jahrhunderts
- Neulateinisch: ab Mitte des 15. Jahrhunderts

Mit dem klassischen Latein stand das Deutsche schon allein deshalb nicht in unmittelbarer Verbindung, weil es in der Zeit, als es zu Kontakten hätte kommen können – als West- und Südwestdeutschland unter römischer Verwaltung standen also –, so etwas wie Deutsch noch gar nicht gab. Allerdings gibt es eine mittelbare Verbindung vom Deutschen zum klassischen Latein, indem etliche

Wörter, die schon im Germanischen aus dem Lateinischen entlehnt worden waren, als Erbwörter ins Deutsche gelangt sind. Ins Germanische entlehnt worden waren vor allem Wörter aus Verwaltung, Militär, Obst- und Garten-, Hoch- und Tiefbau sowie aus der Küche, etwa: *Esel, Kaiser, kaufen.*

Gelegentlich wird auch vom Vulgärlateinischen die Rede sein. Damit ist die umgangssprachliche Form der lateinischen Sprache gemeint (aus deren Spielarten sich schließlich die romanischen Sprachen entwickelt haben). Vulgärlatein liegt quasi neben den zeitlichen Einteilungen. Sorten von Vulgärlatein sprach man in der Zeit des klassischen Lateins, aber auch in spätlateinischer und mittellateinischer Zeit.

Kirchenlatein dagegen ist das Latein, das als Amtssprache der katholischen Kirche für offizielle Verlautbarungen und in der Liturgie verwendet wurde bzw. wird.

Mittellatein war zwischen dem 6. und 15. Jahrhundert für Kirche, Verwaltung, Juristerei, Literatur und Wissenschaft in den meisten europäischen Ländern von großer Bedeutung. Wer es in den genannten Bereichen zu etwas bringen wollte, musste neben seiner Muttersprache auch hinreichend Mittellatein als Lingua franca des Mittelalters beherrschen. Das ging allerdings mit einer gewissen Pidginisierung des Lateinischen einher: Im Vergleich zum klassischen Latein waren Morphologie, Orthografie und Syntax des Mittellateinischen stark vereinfacht, die Aussprache war nicht eindeutig und oft vermischte sich das Mittellateinische mit Elementen der jeweiligen Regionalsprache (Stichwort: Küchenlatein). Lehnwörter aus dem Mittellateinischen sind vor allem in den Bereichen von Kirche, Wissenschaft und Verwaltung zu finden, etwa: *predigen, Pflaster, Weiler.* Und über das Mittellateinische gelangten zudem viele Lehnwörter aus anderen Sprachen ins Deutsche, vor allem aus dem Griechischen, Arabischen, Aramäischen, etwa: *Bursche, Berberitze, Abt.*

Auch zur Wortbildung des Deutschen hat das Mittellateinische einiges beigetragen. So geht etwa unser Wortbildungssuffix *-er* für

Nomina Agentis (Bezeichnungen für Handelnde) wie *Lehrer, Besitzer, Träumer* etc. auf das lateinische Adjektivsuffix *-arius, -aria, -arium* (gehörig zu) zurück. Bei substantivierten Adjektiven steht dieses Adjektivsuffix nämlich auch im Lateinischen schon mal für Nomina Agentis, etwa: *mercedarius* (Lohngeber), *molinarius*. Im Germanischen und Althochdeutschen wird das Suffix zu *-ari* angepasst wie in *mulinari* (Müller) und auch an deutsche Stämme angefügt: *buochhari* (Buchschreiber, -händler), *sangari* (Sänger) etc. Schließlich schwächt sich *-ari* dann ab zu unserem heutigen *-er*.

Städtische Bevölkerungsschichten, die kein Latein sprachen, gewannen im deutschsprachigen Raum im 15. Jahrhundert mehr und mehr an Einfluss. Damit wurde das Mittellateinische als Lingua franca allmählich verdrängt und das Deutsche gewann in vielen Bereichen an Boden. Das Lateinische behauptete sich allerdings in Wissenschaft und Literatur und erfuhr dort eine Art Intellektualisierung. So wandte man sich im Humanismus ganz bewusst vom Mittellateinischen (Küchenlatein) ab und dem «anspruchsvolleren» klassischen Latein wieder zu. Man spricht hier von Neulateinisch.

Diese Zeit war geprägt von einer rasanten wissenschaftlichen und technischen Entwicklung, die einherging mit einem ungeheuren Bedarf an neuen (Fach-)Wörtern. Die gebildeten Wissenschaftler und Techniker entlehnten diese dann gern aus dem Lateinischen, etwa: *deklarieren, inklusive, pro, Puls, Stil.* Diese Fremdwörter (weniger Lehnwörter) bildeten sie aus lateinischen Elementen neu, etwa: *absurd, Identität*, was unserem Wortschatz nach und nach, über mehrere Jahrhunderte, einen gewaltigen Zuwachs beschert hat.

Da dieses Entlehnungs- und Bildungsschema in vielen, vor allem europäischen Sprachen ähnlich verlief und verläuft, hat sich ein großer Bestand an Internationalismen (besser wohl: Europäismen) gebildet, das heißt ein Bestand an Wörtern, die in verschiedenen Sprachen aufgrund des gemeinsamen lateinischen (bzw.

gräkolateinischen) Ursprungs in Form und Bedeutung fast identisch sind, etwa: *Chemie, Medizin, Musik, Nation, Qualität, System, Telefon, Theater*. Das hat den Aufbau internationaler Fachterminologien natürlich erheblich erleichtert, und damit sind wir auch in der Gegenwart angelangt, was die Produktivität des Lateinischen – unter anderem – für das Deutsche angeht.

Aber uns geht es ja um die Lehnwörter.

Ganz besonders danke ich Franziska Münzberg: für die rege Diskussion, die vielen, vielen fachlichen Hinweise, die sorgfältige Durchsicht des Manuskripts und vor allem für alles.

Symbole

[]	Hinzufügung / phonetische Einheit / fakultative Elemente
*	ungrammatischer Ausdruck / rekonstruierte, nicht belegte Form
↑	vergleiche/siehe

Deutsche Lehnwörter aus dem Lateinischen
Von A bis Z

A

abkanzeln ↑ Kanzel, abkanzeln, Kanzlei, Kanzler, Kanzlerin

Abt, Äbtissin, Abtei

Älteste belegte Form: 9. Jahrhundert.

Man könnte sich ja die unmöglichsten Fragen stellen, zum Beispiel: Geht es beim Abtritt um einen Abort oder doch eher um einen Klostervorsteher, der mit wehendem Mantel käuzchenrufbegleitet durch die unheimlichen Nebel des dämmernden Morgens galoppiert? Man kann aber auch schlicht fragen: Woher kommt eigentlich das Wort *Abt*? Nun, über mittelhochdeutsch *abbet, apt*, althochdeutsch *abbat* geht das Substantiv *Abt* auf kirchenlateinisch *abbatem* zurück, den Akkusativ von *abbas* (Abt), das wiederum aus spätgriechisch *ábbas* (Vater) entlehnt ist – nach der biblischen Gebetsanrede aramäisch *abbá* (Vater). Bemerkenswert, wie aus einem kindersprachlichen Lallwort die ehrfurchtsvolle Anrede und der Titel eines hohen Geistlichen wurden.

Seit dem 15. Jahrhundert wird für die weibliche Form (statt mittelhochdeutsch *eppetisse* und althochdeutsch *abbatissa*) die Form auf *-in* (frühneuhochdeutsch *ebtissīn*) geläufig, die auf kirchenlateinisch *abbatissa* zurückgeht.

Dazu gesellt sich dann noch das Substantiv *Abtei* (mittelhochdeutsch *abbeteie*, althochdeutsch *abbateia* [12. Jahrhundert]), das aus kirchenlateinisch *abbatia* entlehnt ist.

Alb, Alp(e), Alpen

Älteste belegte Form: 10. Jahrhundert.

Für Paläontologinnen und Paläontologen kann ein Albtraum durchaus was ganz Wunderbares sein, etwa, wenn sie von den reichhaltigen urgeschichtlichen Fundstätten in der Schwäbischen *Alb* träumen. «Alb» und *Alb* ist halt nicht immer das Gleiche.

Normalerweise ist mit «Alb-» in «Albtraum» natürlich eher nicht die Schwäbische Alb gemeint, sondern (wie auch in «Albdrücken») der Alb, der Nachtmahr, der sich den Schlafenden beklemmend auf die Brust legt. Dieser Alb hat nichts Lateinisches, die *Alb* (die Bergweide, das Gebirge) aber durchaus, zumindest ein bisschen. Denn das Substantiv *Alb* in diesem Sinne geht (wie auch der Gebirgsname *Alpen* oder die Bezeichnungen *Allgäu* und *Alm*) zwar mit einiger Wahrscheinlichkeit auf ein vorindogermanisches Wort für «Berg» zurück, wurde aber schon früh volksetymologisch mit lateinisch *albus, -a, -um* (weiß) in Verbindung gebracht.

Alge

Älteste belegte Form: 18. Jahrhundert.

Die Bezeichnung *Alge* für die Pflanze, die Aquarianer oder Teichbesitzer bisweilen zur Verzweiflung treibt, die Lebensmittelindustrie aber frohlocken lässt, ist erst ziemlich spät, und zwar im 18. Jahrhundert, aus lateinisch *alga* (Seegras, Seetang) entlehnt worden.

Allgäu (↑ Alb, Alp(e), Alpen)

Alm (↑ Alb, Alp(e), Alpen)

Ampel, Ampulle, Pulle

Älteste belegte Form: *Ampel, Ampulle* 10. Jahrhundert, *Pulle* 18. Jahrhundert.

Bevor man mit dem Substantiv *Ampel* (mittelhochdeutsch *ampel, ampulle*, althochdeutsch *ampulla*) alle möglichen häuslichen und öffentlichen Beleuchtungskörper bezeichnete, verwendete man es – bis ins 14. Jahrhundert – allein für die ewige Lampe (Glasgefäß mit Öl und Docht) über dem Altar. Seit dem 16. Jahrhundert wird *Ampel* mehr und mehr von dem Lehnwort «Lampe» (↑ Laterne) verdrängt. Entlehnt ist *Ampel* aus lateinisch *ampulla* (Fläschchen), einer Verkleinerungsform von lateinisch *amphora* (Gefäß mit zwei Henkeln), das wiederum auf griechisch *ampho-*

reús bzw. älter *amphiphoreús* (Gefäß mit zwei Henkeln) zurückgeht, eine Zusammensetzung aus dem Adverb *amphi* (auf beiden Seiten) und dem Verb *phérō* (tragen).
Was nun: volle *Pulle* oder leere *Pulle* oder gar *Ampulle*? Ja, auch das Substantiv *Pulle* geht (wie die *Ampulle*) auf *ampulla* zurück und hat sich Anfang des 18. Jahrhunderts auf den Weg aus dem Niederdeutschen in die Umgangssprache gemacht (und sich dort rasch etabliert).

Amtsschimmel

Älteste belegte Form: 19. Jahrhundert.

Wenn der *Amtsschimmel* wiehert, haben die Bürgerinnen und Bürger ja selten was zu lachen. Zumindest schmunzeln könnten sie allerdings, wenn sie erführen, was als lateinischer Ursprung des zweiten Bestandteils zwar nicht nachgewiesen ist, doch immerhin vermutet wird. Danach ist *Schimmel* eine volksetymologische Umdeutung von *Simile*, dem substantivierten Neutrum von lateinisch *similis* (ähnlich). Mit *Simile* wurde in den Kanzleien Kakaniens, das heißt des königlichen und kaiserlichen Österreichs, ein Formular, also ein amtlicher Vordruck, bezeichnet, mit dem man bestimmte Fälle eben auf «ähnliche» Weise behandeln konnte. Eine andere, «unlateinische» Deutung führt den Ausdruck auf eidgenössische Amtsboten zurück, die auf Schimmeln ritten, um amtliche Unterlagen zu überbringen.

Übrigens: Auch der Bestandteil *Amt* hat eine Geschichte, und zwar eine keltische. Dem *Amt* liegt nämlich keltisch *ambaktos* (Gefolgsmann) zugrunde (vergleiche französisch *ambassade, ambassadeur*).

anfachen ↑ fachen, fächeln, Fächer

Anker

Älteste belegte Form: 12. Jahrhundert.

Den *Anker* haben sich die Leute vom Niederrhein und von der Nordseeküste von den Römern erklären lassen (oder haben ihn sich einfach abgekuckt). So ein *Schiffsanker* war ja auch viel praktischer, als Boote, wie es dort bis dahin üblich war, einfach mit dicken Kaventsmännern festzusetzen. So ist in dieser Gegend auch das Wort *Anker* aus lateinisch *ancora* (Anker) entlehnt worden. Die Römer ihrerseits hatten den dreiarmigen Schiffsanker von den Griechen übernommen und damit auch das Wort aus griechisch *ágkȳra.*

Armbrust

Älteste belegte Form: 12. Jahrhundert.

Die *Armbrust* liegt dem Schützen schon irgendwie in den Armen und vor der Brust. Dennoch hat *Armbrust* (mittelhochdeutsch *ar[m]brust, ar[m]brost*) wortgeschichtlich weder mit *Arm* noch mit *Brust* zu tun. Zugrunde liegt vielmehr das volksetymologisch umgedeutete mittellateinische Substantiv *arbalista* (vielleicht über das altfranzösische *arbalestre*). Dabei wurde der zweite Teil des Wortes zunächst mit *berust, berost* (einem Neutrum mit der Bedeutung «Bewaffnung») in Beziehung gesetzt und, nachdem dieses Wort nicht mehr verwendet wurde, schließlich mit *Brust* (daher dann das Femininum). Das mittellateinische Wort geht allerdings zurück auf das lateinische *arcuballista.* Das war in der Antike eine Art Bogenschleuder, die sowohl als Handwaffe wie auch als beräderte Artillerie verwendet wurde. Das Wort setzt sich zusammen aus *arcus* (Bogen) und dem aus dem Griechischen entlehnten *ballista* (Schleudermaschine), das mit dem griechischen Verb *bállein* (schleudern) verwandt ist.

Übrigens: Zu *ballista* wurden Mitte des 19. Jahrhunderts die Fachwörter *ballistisch* (die Flugbahn eines Körpers betreffend) und *Ballistik* (Lehre von der Bewegung geschossener und geschleuderter Körper) gebildet.

Arzt

Älteste belegte Form: 9. Jahrhundert.

Das Substantiv *Arzt* (mittelhochdeutsch *arzet, arzāt,* althochdeutsch *arzāt*) wurde aus spätlateinisch *archiater, archiatrus, archiatros* (erster Arzt am Kaiserhof, Leibarzt) entlehnt, das auf griechisch *arch-īātros* (Oberarzt) zurückgeht. Darin wiederum steckt *archeīon* (Regierungs-, Amtsgebäude), das zum Verb *árchein* (der Erste sein, beginnen, herrschen) gehört, und *iatrós* (Arzt). Von den Königshöfen aus verbreitete sich der Titel zunächst auf die *Leibärzte* geistlicher und weltlicher Persönlichkeiten und arrivierte bereits in althochdeutscher Zeit zur gängigen Berufsbezeichnung, welche die germanische Bezeichnung des Heilers (althochdeutsch «lāchi», eigentlich: «Besprecher») verdrängte. (↑ erz-, Erz-)

B

Barbe

Älteste belegte Form: 12. Jahrhundert.

Tatsächlich findet man Fische, bei denen die Männchen eine Art Backenbart tragen (etwa Ancristus- oder Sturisoma-Arten). Bei der *Barbe* (wissenschaftlich: *Barbus barbus*) dagegen geht es um zwei bei beiden Geschlechtern übliche unterständige Bartelpaare, fadenförmige Gebilde also, die sich als sehr hilfreich erweisen für eine der Lieblingsbeschäftigungen dieser Tiere: das Gründeln. Über das althochdeutsche *barbo* geht die Bezeichnung *Barbe* für unseren Flussfisch zurück auf das lateinische *barbus* (Barbe), das dann wiederum auf *barba* (Bart) zu beziehen ist.

Becher

Älteste belegte Form: 11. Jahrhundert.

Bei Nofretete ist ja klar, dass wir sie aus Ägypten haben – die Büste wohlgemerkt. Beim Wort *Becher* kann man das allenfalls vermuten. Zunächst einmal wurde das Wort über althochdeutsch *behhari* aus lateinisch *bicarium* (Becher, Hohlmaß) entlehnt, was seinerseits auf griechisch *bīkos* (Behälter mit zwei Henkeln zurückgeht. Und das schließlich stammt wahrscheinlich aus dem Ägyptischen.

Becken, Pickelhaube

Älteste belegte Form: 12. Jahrhundert.

Pickel sind ärgerlich und man hat sie nicht nur im Gesicht, manche trugen sie auch (wenn auch nur temporär) auf dem Kopf – zumindest, wenn die *Pickel* eigentlich *Becken* waren. Hm? Nun: Das Substantiv *Becken* (althochdeutsch *beckīn*) ist aus vulgärlateinisch **baccinum* (Becken) entlehnt worden, zu vulgärlateinisch/gallisch *bacca/baccus* (Wassergefäß), spätlateinisch *bacca* (Sarg). Die lateinischen Wörter sind wohl keltischen Ursprungs. Das *Becken* tritt als *Waschbecken* in Erscheinung, als Musikinstrument, als geologische Bezeichnung oder als Knochengürtel im unteren Rumpf. Der *Pickel* bzw. das *Becken* auf dem Kopf aber ist nichts anderes als die *Pickelhaube*, volkstümlich für den 1842 eingeführten preußischen Infanteriehelm mit Spitze. Die Bezeichnung *Pickelhaube* hat sich unter dem Einfluss des Wortes *Pickel* (für Spitzhacke) aus frühneuhochdeutsch *bickel-* bzw. *beckelhaube* und mittelhochdeutsch *beckenhūbe* entwickelt, der Bezeichnung für die beckenförmige Blechhaube der Kriegsknechte.

Übrigens: Auch das Fremdwort *Bassin*, von französisch *bassin* (Wasserbecken), altfranzösisch *bacin*, geht auf vulgärlateinisch **baccinum* zurück.

Berberitze

Älteste belegte Form: 19. Jahrhundert.

Die Bezeichnung der dornigen Strauchpflanze *Berberitze* hat ebenfalls schon einen ganz schönen Weg hinter sich. Sie ist zwar erst im 19. Jahrhundert aus mittellateinisch *berberis/barberis* entlehnt worden, dieses aber leitet sich seinerseits von arabisch *(am)barbarīs* her. Natürlich gab es die *Berberitze* auch schon vor dem 19. Jahrhundert und dementsprechend auch verschiedene einheimische Namen, etwa mittelhochdeutsch *sūrach* (nach dem sauren Geschmack der Blätter und Früchte).

Bete

Älteste belegte Form: 9. Jahrhundert.

Was haben rote Socken und Rote *Bete* gemein? Klar: rot. Aber das ist nicht alles: *Socke* (↑ Socke) und *Bete* (mittelhochdeutsch *bieʒe*, althochdeutsch *bieʒa*) teilen zudem die lateinische Herkunft. Die Bezeichnung für das gemüse ist schon früh von lateinisch *beta* (Bete) entlehnt worden und tummelte sich zunächst im Niederdeutschen, bis sie im 17. Jahrhundert ins Hochdeutsche übernommen wurde. Heinrich Georges hatte noch eine keltische Herkunft vermutet (Georges 1988: Bd. 1, 818).

Bier

Älteste belegte Form: 9. Jahrhundert.

Das ist nicht unser *Bier*: das *Bier*. Es ist lateinisch, oder? Ehrlich gesagt: Genau weiß man das nicht. Unter Alkohol verunklart sich doch ja einiges: Schnaps ist Schnaps, aber *Bier* ist durchaus nicht *Bier*, sondern Birne – zumindest in der Wendung «Das ist nicht dein Bier»: Die geht vermutlich auf die kölsche Redewendung «Dat sönd ding Beäre net» zurück. Im Kölschen sind «Beäre» «Birnen». Schon da herrscht Unklarheit. Zudem waren die Kölner recht lange Teil des römischen Imperiums und haben immer gern für Anlässe gesorgt, ungehemmt den lateinischen Trinkspruch «Ergo bibamus!» (Lasst uns also trinken!) ins geneigte Rheinland hallen zu lassen. Das Verb *bibere* (trinken) könnte daher auch – über das spätlateinische *biber* (Getränk) – für das *Bier* Pate gestanden haben. Allerdings ist auch die indoeuropäische Wurzel **bh(e)u-*, **bhu-* (blasen) im Rennen oder auch *brauen*. Da ist uns irgendwo der Anschluss verloren gegangen: «Wat fott es, es fott» (Artikel des rheinischen Grundgesetzes).

Bims(stein), bimsen

Älteste belegte Form: 9. Jahrhundert.

Es ist leichter als Wasser und zeichnet sich durch eine geringe Wärme-/Kälteleitung aus, das poröse Vulkangestein *Bims*. Das

Substantiv *Bims* (mittelhochdeutsch *bümez*, althochdeutsch *bumiz*) wurde aus lateinisch *pumex* (Schaumstein) entlehnt. Und dieses gehört zu lateinisch *spuma* (Schaum, Gischt).

Die Ableitung *bimsen*, ursprünglich «mit Bimsstein glatt reiben», findet sich ab dem 15. Jahrhundert und gewann im 19. Jahrhundert in der Soldatensprache die übertragenen Bedeutungen «putzen, schleifen, scharf exerzieren» und in der Umgangssprache dann noch die Bedeutungen «einpauken» und «verprügeln» (*verbimsen*).

Übrigens: Mit *pumex* hat auch das Fremdwort *Pause* zu tun, nicht aber das Fremdwort *Pause*. Wie bitte? Nun ja, in der Bedeutung «Durchzeichnung» ist *Pause* wie das Verb *pausen* über französisch *ébaucher* (entwerfen) aus französisch *poncer* (mit Bimsstein abreiben, durchpausen) entstanden. Dieses Verb ist auf vulgärlateinisch **pomex* (Bims) zurückzuführen, womit wir dann wieder bei lateinisch *pumex* wären. Dagegen ist *Pause* in der Bedeutung «kurze Erholung» aus altfranzösisch *pause* entlehnt. Dieses Substantiv geht auf lateinisch *pausa* zurück, das wiederum aus griechisch *paúein* (beenden) entlehnt ist (eine Entlehnung aus dem griechischen Substantiv *paũsis* (Ruhe, Rast) kommt aus Gründen der Entlehnungszeit wohl nicht infrage).

Aber nun erstmal eine Pause bei einem *Spumante*. Diese Bezeichnung für «Schaumwein» ist ja heutzutage weit über die Toskanafraktion hinaus geläufig. Das Substantiv *Spumante* ist entlehnt aus italienisch *spumante* (Schäumendes), dem substantivierten Partizip I von *spumare* (schäumen), und das geht letztlich, wenig überraschend, auch auf lateinisch *spuma* zurück.

Ob auch *Schaum* (und *Abschaum*) auf *spuma* zurückgeht, ist nicht sicher. Im Gespräch ist auch eine Ableitung von *Schaum* (mittelhochdeutsch *schūm*, althochdeutsch *scūm*) aus der indogermanischen Wurzel **(s)keu-* (bedecken, einhüllen, verbergen), auf die Wörter wie «Scheune», «Schote», «Hose», «Hort», «Haut», «Hoden» und «Hütte» zurückgehen. Wahrscheinlicher ist *Schaum* aber wohl aus einem romanischen Wort entlehnt (vergleiche etwa italienisch *schiuma* oder französisch *écume*). Damit wären wir dann wieder bei *spuma* angekommen.

Und ja, es gibt sie tatsächlich: Wörter, die nicht auf *spuma* zurückgehen. Zu diesen gehört das Adjektiv *abgefeimt*. Dennoch hat *abgefeimt* viel mit *spuma* zu tun.

Hier die Geschichte dazu: *Abgefeimt* ist das Partizip II des heute nicht mehr gebräuchlichen Verbs *abfeimen* (Schaum von einer Flüssigkeit entfernen, reinigen). Es bedeutet ursprünglich also «abgeschäumt, gereinigt, ausgekocht, mit allen Wassern gewaschen» und hat dann die übertragene Bedeutung «durchtrieben, schlau» gewonnen – ähnlich übrigens wie bei der Bedeutungsentwicklung von *raffinieren* (reinigen) zu *raffiniert* (gereinigt, durchtrieben, pfiffig). Das alte Verb *(ab)feimen* (abschäumen, reinigen) stammt von einem nur noch mundartlich in *Feim, Faum* erhaltenen Wort für «Schaum» (mittelhochdeutsch *veim*, althochdeutsch *feim*) ab, man vergleiche englisch *foam* (Schaum). Dieses alte Wort aber – und da schließt sich der Kreis dann doch noch – ist indogermanisch urverwandt mit lateinisch *spuma*. Beide gehen nämlich zurück auf indogermanisch **(s)poimno-* (Schaum, Gischt).

Birne

Älteste belegte Form: 11. Jahrhundert.

Ist es am Ende gar gnädiger, gar nichts in der *Birne* zu haben als eine weiche *Birne*? Jedenfalls ist, wie so viele Wörter aus dem Obstbau, das Substantiv *Birne* aus dem Lateinischen entlehnt worden. *Birne* (mittelhochdeutsch *bir, bire*, althochdeutsch *bira*) geht zurück auf vulgärlateinisch *pira* (Birne), zu lateinisch *pirum* (Birne) und *pirus* (Birnbaum). Das lateinische Wort wiederum ist aus einer nichtindogermanischen Mittelmeersprache entlehnt.

Übrigens: Das *-n-* in unserer *Birne* hat sich wohl aus den flektierten Formen heraus (etwa aus dem mittelhochdeutschen Plural *biren*) auf den Weg in den Wortstamm gemacht.

Bottich

Älteste belegte Form: 9. Jahrhundert.

In so einem *Bottich* kann man gut was mischen. So vermischen sich denn wohl auch im Substantiv *Bottich* (mittelhochdeutsch *botech(e), botige*, althochdeutsch *botega*) Einflüsse verschiedener Sprachen. Dabei geht es um Ableitungen von griechisch-lateinisch *apotheca* (Abstellraum, Magazin). Infrage kämen etwa mittellateinisch *potecha* (Abstellraum, Vorratslager), vulgärlateinisch *buttis*

(Fass) und spanisch *bodega* (Weinkeller). Ganz Genaues haben die Etymologen aber noch nicht rausgefunden. (↑ Bütte)

Brief

Älteste belegte Form: 9. Jahrhundert.

Wenn Ulrich, Musils Mann ohne Eigenschaften, von seinem Vater in ziemlich reinem Papierdeutsch unterrichtet wird: «Setze dich von meinem erfolgten Ableben in Kenntnis» (Musil 1978: 672), so ist das – zumindest, was die Bedeutung des Ursprungs von *Brief* angeht – ein sehr gutes Beispiel. Denn *Brief* geht auf lateinisch *breve* (kurzes Verzeichnis, Liste) zurück, das substantivierte Neutrum des Adjektivs *brevis, -e* (kurz). Über lange Zeit war *Brief* (althochdeutsch *brief, briaf*) der Kanzleisprache vorbehalten (seit dem 9. Jahrhundert) und wurde dort im Sinne von «Schreiben, offizielle Mitteilung, Urkunde» verwendet. Diese Bedeutung hat sich bis heute durchgezogen in Zusammensetzungen wie *Schuldbrief, Freibrief, Frachtbrief* oder im Verb *verbriefen* (urkundlich garantieren, «das *verbriefte* Recht» etwa) oder auch in der Wendung «mit *Brief* und Siegel». Aus der Zusammensetzung *Sendbrief* entwickelte sich seit der mittelhochdeutschen Zeit die heutige Bedeutung.

Das ursprüngliche *Breve* hat sich in der Kirchensprache gehalten, und zwar in der Bedeutung «päpstlicher Erlass in einfacher Form», sowie in der Musik als Bezeichnung für eine Note im Notenwert von zwei ganzen Noten, notiert als quer liegendes Rechteck.

Brille

Älteste belegte Form: 15. Jahrhundert.

«Ein indischer Seemann, ja, der hat es schwer, / der hat keine *Brille*, darum sieht er nichts mehr» (nach Insterburg & Co., stark verhunzt). Hätte der indische Seemann aber eine Brille, wäre er wahrscheinlich ziemlich nah bei sich, das heißt in Indien. Doch mal ganz langsam: Bei *Brille* steht das Material für den Gegenstand, denn die Linsen der ersten, um 1300 hergestellten Brillen wurden aus *Beryll* angefertigt. (Rhetorisch gesehen ist *Brille* also ein Verschiebungsbild, genauer: eine Metonymie, da vom Material auf den Gegenstand verschoben wird.) Das Wort *Beryll* wiederum geht auf lateinisch *Beryllus* (Beryll) zurück. Das aber verdanken die Römer selbst schon den Griechen. Und da sind wir immer noch nicht am Ende des Weges, denn *Beryll* ist wirklich weit hergeholt. Die Griechen haben es nämlich aus mittelindisch *veruliya, veluriya* (vermutlich nach der südindischen Stadt *Belur*) entlehnt.

Buchs(baum), Büchse, Buchse

Älteste belegte Form: 10. Jahrhundert.

Was wäre ein Garten ohne *Buchsbaumhecke*? Vielleicht schön? Wie dem auch sei: Die Bezeichnung der Pflanze *Buchs* (mittelhochdeutsch, althochdeutsch *buhs*) ist recht früh aus lateinisch *buxus/buxum* (Buchs, Buchsbaumholz) entlehnt worden. Und aus dem Holz dieser Pflanze wurden gerne *Büchsen* (mittelhochdeutsch *bühse*, althochdeutsch *buhsa*), vulgärlateinisch *buxis*, hergestellt, besonders zylinderförmige. Dieses Wort wurde bereits in voralthochdeutscher Zeit entlehnt, und zwar zunächst in der Bedeutung «Arzneibüchse». Beide lateinischen Wörter verweisen auf griechisch *pýxos* (Buchsholzdöschen), das wohl aus einer unbekannten Mittelmeersprache stammt.

Übrigens: Da *Büchsen* häufig zylindrisch waren, wurden nach und nach auch Rohre als *Büchsen* bezeichnet. Als Pars-pro-toto-Bezeichnung konnten dann auch Gewehre als *Büchsen* durchgehen. Erst im 20. Jahrhundert dann gewann die nicht umgelautete oberdeutsche Variante *Buchse* die Bedeutung «kleines Rohr, in das man einen Stecker/Zapfen steckt».

bunt

Älteste belegte Form: 12. Jahrhundert, in der heutigen Bedeutung 14. Jahrhundert.

Bunt ist schwarz-weiß – zumindest im Mittelhochdeutschen, denn da bedeutet es noch «schwarz-weiß gefleckt» und bezieht sich zunächst auf Pelze. Die heute geläufige Bedeutung hat *bunt* erst seit dem 14. Jahrhundert, in dem es – beginnend im 13. Jahrhundert und über Luthers Bibelübersetzung verbreitet – das ältere mittelhochdeutsche *vēh* für «vielfarbig» verdrängte. Ganz sicher ist die Herkunft des Adjektivs nicht, aber es könnte sich aus dem lateinischen Partizip II *punctum* (gestochen), vom Verb *pungere* (stechen), herleiten, das zunächst in Klöstern für Stickarbeiten verwendet wurde. (↑ Punkt)

Übrigens: Auf *punctus* zurück gehen auch die Fremdwörter *punktieren/Punktion, Interpunktion, Kontrapunkt, Pointe/pointiert* und *Akupunktur.* Das Verb *punktieren* wurde im 15. Jahrhundert aus mittellateinisch *punctare* (Einstiche/Punkte machen), zu lateinisch *punctum/pungere,* entlehnt. Dazu entwickelte sich das Substantiv *Punktion,* von lateinisch *punctio* (das Stechen).

Den Terminus technicus *Interpunktion* kreierte man Anfang des 18. Jahrhunderts aus lateinisch *interpunctio* (Trennung durch Punkte), das wiederum aus *inter* (zwischen) und *punctio* zusammengefügt ist.

Kontrapunkt als musikfachsprachliche Bezeichnung für die Kunst des mehrstimmigen Tonsatzes wurde im 15. Jahrhundert aus mittellateinisch *contrapunctum* entlehnt, aus lateinisch *contra* (gegen) und lateinisch *punctum. Punctum* hatte im Mittellateinischen die Bedeutung «Note» entwickelt. Das mittellateinische *contrapunctum* meinte zunächst den Aufbau einer Gegenstimme (*punctus contra punctum*). Daraus wurde am Ende des 15. Jahrhunderts das Adjektiv *contrabund,* das zunächst «vielstimmig» bedeutete und sich schließlich zu *kunterbunt* (verworren, durcheinander, bunt gemischt) mauserte.

Das Wort *Pointe* für den überraschenden (geistreichen) Schlusseffekt, den Stich ins Gemüt, wurde im 18. Jahrhundert aus gleichbedeutend französisch *pointe* (Spitze, Schärfe) entlehnt, das auf vulgärlateinisch *puncta* (Stich) zurückgeht, das substantivierte Femininum des Partizips II von *pungere.*

Ganz andere Stiche setzt man bei der *Akupunktur.* Die Bezeichnung für die fernöstliche Therapiemethode tauchte in Europa Ende des 18. Jahrhunderts auf. Das Wort setzt sich zusammen aus lateinisch *acus* (Nadel) und lateinisch *punctura* (das Stechen, der Stich).

Bursch(e)

Älteste belegte Form: 17. Jahrhundert.

Die *Burschen* in *Burschenschaften* sind im Grunde ziemlich nah dran an dem, was ursprünglich mit *Bursch(e)* gemeint war. Denn im Mittelalter wurden Studentenwohnheime (nach französischem Vorbild meist Stiftungen) mittellateinisch *bursa* (Ledersack, Beutel) genannt – aus griechisch *býrsa* (Fell) –, was bald so viel wie «(gemeinsame) Kasse» hieß. Das daraus entlehnte mittelhochdeutsche *burse* (Beutel, Kasse) wird seit dem 15. Jahrhundert ebenfalls als Bezeichnung für Studentenwohnhäuser und ihre Bewohnerschaft verwendet, vergleiche neuhochdeutsch *Burse* (Studentenheim). Das im 17. Jahrhundert daraus gebildete Wort *Bursch* ersetzte als Bezeichnung für Studenten ältere Wörter wie *bursgesell* und *bursant*. Schließlich weitete sich die Anwendung auch auf ähnliche Gemeinschaften bei Handwerkern und Soldaten aus. Heutzutage bezeichnet *Bursche* im Grunde jeden jungen Mann. Studentisch meint das einsilbige *Bursch* heute das vollberechtigte Mitglied einer Verbindung nach Abschluss der Fuchsenzeit. Das Adjektiv *burschikos* (burschenhaft ungezwungen, cool) kam im 18. Jahrhundert als scherzhafte studentische Bildung mit der griechischen Adverbendung *-ikṓs* hinzu.

Übrigens: Auch das Lehnwort *Börse* geht auf spätlateinisch *bursa* zurück. Es ist allerdings über niederländisch *beurs* ins Deutsche gelangt, und zwar im 15. Jahrhundert in der Bedeutung «Markt für Wertpapiere» und im 18. Jahrhundert in der Bedeutung «Geldbörse».

Butter

Älteste belegte Form: 11. Jahrhundert.

Da musste das Lateinische schon ganz schön *zubuttern*, damit wir auch mal *Butter* bei die Fische geben können – und nicht nur das Lateinische. Das Substantiv *Butter* (mittelhochdeutsch *buter*, althochdeutsch *butera*) wurde über vulgärlateinisch **butira*, **butura* aus lateinisch *butyrum* (Butter) entlehnt, das seinerseits auf griechisch *boú-tȳron* (Kuhquark) zurückgeht.

Bütte

Älteste belegte Form: 9. Jahrhundert.

Gerade im Rheinland steigt man ja gern in der fünften Jahreszeit in die *Bütt*, um den einen oder anderen mehr oder weniger gelungenen Scherz auf die wehrlose Welt loszulassen. Die *Bütte* (althochdeutsch *butin[na]*) ist ein hölzernes Fass, eine Wanne. Entlehnt wurde das Wort aus mittellateinisch *butina* (Flasche, Gefäß), das mit vulgärlateinisch *buttis* (Fass) bzw. spätlateinisch *but(t)icula* (Fässchen) zu tun hat und auf griechisch *bytínē* (Flasche, Hohlmaß) / *pytínē* (umflochtene Weinflasche) zurückgeht. Dazu entwickelte sich über mittelniederdeutsch *bödecker* (13. Jahrhundert) und frühneuhochdeutsch *botticher, büttiger* (15. Jahrhundert) das Nomen Agentis (die Bezeichnung für Handelnde) *Böttcher*, das oft fälschlich auf «Bottich» bezogen wird.

Übrigens: Gerade von einem Seeraub zurück wird ja gern mal intoniert: «Fuffzehn Mann auf des toten Mannes Kiste, ho ho ho und 'ne *Buddel* voll Rum!» Im 17./18. Jahrhundert wurde aus dem Französischen *bouteille* (Flasche) übernommen und aus dem heute veralteten Fremdwort *Bouteille* hat sich die niederdeutsche Form *Buddel* gebildet. *Bouteille* aber ist aus spätlateinisch *but(t)icula* (Fässchen) entlehnt, einer Verkleinerungsform von vulgärlateinisch *buttis* (Fass).

D

Damhirsch, Damwild

Älteste belegte Form: 8. Jahrhundert (unerweitert).

Die letzte Eiszeit hatte das *Damwild* / den *Damhirsch* (wissenschaftlich: *Dama dama*) nach Vorderasien (inklusive Kleinasien) zurückgedrängt, die Wiederkäuer wurden dann aber (auch von den Römern) wieder in Europa angesiedelt, wo die standorttreuen Tiere Paarhuf fassen konnten. Das Bestimmungswort des Substantivs *Damwild* (mittelhochdeutsch *tāme*, althochdeutsch *dām, tām* [Neutrum, 8. Jahrhundert] bzw. *dāmo, tāmo* [Maskulinum, 9. Jahrhundert] «Damhirsch») wurde entlehnt aus spätlateinisch *dama* bzw. lateinisch *damma* (Reh, Hirsch, Antilope, Gazelle). Das lateinische Substantiv *damma* ist womöglich selbst eine Entlehnung, vielleicht eine aus dem Keltischen, vergleiche altirisch *dam* (Ochse) oder *dam allaid* (wilder Ochse = Hirsch), kymrisch *dafad* (Schaf).

Dattel

Älteste belegte Form: *dahtilboum* 11. Jahrhundert, *Dattel* 13. Jahrhundert.

«Wenn Achmed keine Drachmen hat, / lutscht traurig er am *Dattelblatt*» (Erste Allgemeine Verunsicherung: «Geld oder Leben»). Die Bezeichnung für die Südfrucht *Dattel* (mittelhochdeutsch *tatel, datel*, althochdeutsch *dahtilboum* «Dattelbaum») wurde aus spätlateinisch *dactylus* (Dattel) entlehnt, das wiederum auf griechisch *dáktylos* (Dattel) zu beziehen ist, wohl ein Lehnwort aus einer semitischen Sprache (vergleiche arabisch *daqal*).

Daube

Älteste belegte Form: 9. Jahrhundert, Form *Daube* 16. Jahrhundert.

Die Bezeichnung für das Fassbrett *Daube* (mittelhochdeutsch *dūge*) wurde aus mittellateinisch *doga, duga* entlehnt, zu lateinisch *doga* (Fass, Gefäß), das wiederum von griechisch *dochḗ/dokḗ* (Behälter) abstammt.

dauern, Dauer, dauerhaft

Älteste belegte Form: 12. Jahrhundert.

Lebenslang ist schon *dauerhaft* bzw. *Dauerhaft*. Muss eine solche Haft einen dauern? Vielleicht. Jedenfalls hat das Deutsche zwei verschiedene Verben *dauern* zu bieten. «Dauern» im Sinne von «leidtun» ist ein Erbwort. Das Verb *dauern* (mittelhochdeutsch *tūren, dūren*) im Sinne von «lang anhalten» dagegen wurde (eventuell romanisch vermittelt) zunächst im Niederdeutschen aus lateinisch *durare* (hart machen, härten, ver-, abhärten, dauern) entlehnt, das wiederum aus dem Adjektiv *durus, -a, -um* (hart [eigentlich im seelischen Sinn, dann auch im materiellen], streng, beständig) abgeleitet ist (vergleiche *Dur*: ↑ mollig). Später wurden dann das Substantiv *Dauer* (spätmittelhochdeutsch *dūr*) und das Adjektiv *dauerhaft* abgeleitet.

dichten, Dichter

Älteste belegte Form: 9. Jahrhundert.

«Was will uns der *Dichter* damit sagen?» Nun: Er will was sagen. Das sagt schon die Beruf(ung)sbezeichnung. Denn *dichten* geht über althochdeutsch *dihtōn, tihtōn* auf lateinisch *dictare* (vorsagen, diktieren) zurück, das auf *dicere* (sagen, vortragen) zu beziehen ist. Das Wort wurde zunächst lange Zeit nur in der Bedeutung «ein Schriftwerk verfassen» verwendet, die sich noch bis ins 17. Jahrhundert verfolgen lässt. Allerdings kommt schon im Mittelhochdeutschen die heutige Bedeutung «Verse schmieden, Lyrik schaffen» hinzu.

Das Substantiv *Dichter* tritt im 12. Jahrhundert erstmals auf, kann sich aber als Wort nicht recht durchsetzen, bis es schließlich im 18. Jahrhundert seinen Durchbruch hat und das verflachte *Poet* ersetzt.

Übrigens: *Poet* wie auch *Poesie* gehen ebenfalls auf das Lateinische zurück, und zwar auf *poeta* (Dichter) und über französisch *poésie* auf *poesis* (Dichtkunst). Beide lateinischen Wörter wurden jedoch schon aus dem Griechischen entlehnt, aus *poíēsis* (das Machen, Verfertigen, Dichten) und *poiētḗs* (Schöpferischer, Dichter). Zugrunde liegt das Verb *poieīn* (machen, verfertigen, schöpferisch tätig sein).

Drache

Älteste belegte Form: 9. Jahrhundert.

Prinzen sind ja heute auch nicht mehr das, was sie bereits früher nie waren. Wahrscheinlich fehlen ihnen die *Drachen* schon arg. Das war schon eine wilde Schimäre, welche die Germanen dereinst auf den Feldzeichen des römischen Heeres entdeckt hatten. Sie hat sie wohl so beeindruckt, dass sie das Hybrid tief in ihrer Fabelwelt verankerten, zumal sie den *Drachen* gut an den in der germanischen Vorstellungswelt bereits existierenden, allerdings meist ungeflügelten Lindwurm anschließen konnten (etwa Fafnir in der Nibelungensage). Die Bezeichnung des Fabeltiers *Drache(n)* (mittelhochdeutsch *trache*, althochdeutsch *trahho*) wurde aus lateinisch *draco* (Drache) entlehnt, das seinerseits von griechisch *drákōn* (Drache) abgeleitet ist. Griechisch *drákōn* bedeutet wörtlich so viel wie «der scharf Blickende», zum Verb *dérkesthai* (scharf/wild blicken) – dem Drachen wurde nämlich ein lähmender Blick zugeschrieben.

Übrigens: Vielleicht ist es nur üble Nachrede: Aber *Drachen* wird ja nachgesagt, dass sie nicht sonderlich umgänglich sind (bzw. waren). Daher scheint es ganz selbstverständlich, dass drakonische Maßnahmen oder Strafen auch nicht wirklich angenehm sind. Aber weit gefehlt! Also unangenehm sind solche Maßnahmen schon, nur haben die armen *Drachen* rein gar nichts damit zu tun. Vielmehr wurde das Adjektiv «drakonisch» Ende des 18. Jahrhunderts nach dem Namen des Athener Gesetzgebers Drakon gebildet, dessen Gesetze (624 v. Chr.) es wohl in sich hatten.

Dafür haben aber *Dragoner* tatsächlich etwas mit dem Wort *Drache* zu tun. Die Bezeichnung *Dragoner* für «leichte Reiter» wurde nämlich im Dreißigjährigen Krieg aus französisch *dragon* (Drache) entlehnt. Damit war eigentlich die Handfeuerwaffe (= Feuer speiender Drache) gemeint, deren sich die Kavalleristen bedienten.

E

Ebenholz

Älteste belegte Form: 11. Jahrhundert.

Wir erinnern uns: Schneewittchen hatte eine Haut so weiß wie Schnee, Lippen so rot wie Blut und ihre Haare waren so schwarz wie *Ebenholz*. Nun denn: Kümmern wir uns doch mal um die Herkunft des Bestimmungsworts *Eben-* in *Ebenholz* (mittelhochdeutsch, spätalthochdeutsch *ebēnus* «Ebenbaum, Ebenholz»). Das hat einen langen Weg hinter sich. Zunächst wurde es entlehnt aus gleichbedeutend lateinisch *ebenus*. Das lateinische Wort verweist jedoch weiter auf griechisch *ébenos*. Und damit nicht genug: Das griechische Wort geht noch weiter zurück, und zwar auf ägyptisch *hbnj* (Ebenholz).

eichen

Älteste belegte Form: 14. Jahrhundert.

Während am Deutschen der berüchtigt deutschen Eiche kaum zu rütteln ist, ist das Verb *eichen* durchaus fremder Provenienz, letztlich lateinischer, versteht sich. Belegt ist mittelhochdeutsch *ichen, eichen*. Ursprünglich war es ein Fachterminus des Weinbaus, den die Germanen den Römern abgeschaut hatten und mit ihm auch viele der entsprechenden Begriffe. Gemeint war mit dem Verb zunächst das Ausmessen und Zeichnen der Gefäße. Wahrscheinlich wurde es im Altfränkischen Nordgalliens entlehnt, und zwar aus lateinisch *(ex)aequare (misuras)* (die Maße ausgleichen).

Eimer

Älteste belegte Form: 9. Jahrhundert.

Nachdem der so antikentypische zweihenklige Tonkrug für Vorräte zu den Germanen gelangt war, dauerte es auch nicht lange, bis seine Bezeichnung lateinisch *amp(h)ora* ins Germanische entlehnt wurde (althochdeutsch *amber*, ↑ Ampel, Ampulle, Pulle). Lateinisch *amp(h)ora* geht auf griechisch *amphoreús* bzw. älter *amphiphoreús* (Gefäß mit zwei Henkeln) zurück, eine Zusammensetzung aus dem Adverb *amphi* (auf beiden Seiten) und dem Verb *phérō* (tragen). Man hat dann ein wenig an dem Wort *amber* herumgewerkelt, um es für einen Behälter mit nur einem Henkel verwenden zu können: So hat man es an das Zahlwort *ein* und althochdeutsch *beran* (tragen) angelehnt, althochdeutsch *eim- + bar*, und schwups (na ja, wahrscheinlich doch nicht so schwups) war daraus mittelhochdeutsch *einber, eimer* geworden. So konnte der einhenklige Eimer, der «Einträger», gut vom zweihenkeligen «Zuber» (althochdeutsch *zubar, zwipar*), dem «Zweiträger», unterschieden werden.

Enzian

Älteste belegte Form: 13. Jahrhundert.

Die Bezeichnung für den so blau blühenden *Enzian* (mittelhochdeutsch *enciān*, althochdeutsch *enciān, genciān*) ist aus lateinisch *gentiana* bzw. griechisch *gentianḗ* entlehnt, das womöglich auf einen illyrischen Ursprung verweist.

erpicht ↑ Pech

erz-, Erz-

Älteste belegte Form: 9. Jahrhundert.

Selbst im *erzfaulen Erzgauner* steckt noch ein wenig Latein und Griechisch. Das Präfix *erz-/Erz-* (althochdeutsch *erzi-*, mittelhochdeutsch *erze-, erz-*) wurde noch als echtes Bestimmungswort aus kirchenlateinisch *archi-/arci-* entlehnt und gehört zu griechisch *árchein* (an der Spitze stehen, herrschen, beginnen). So tritt griechisch *arch(i)-* häufig als Bestimmungswort von Zusammensetzungen mit der Bedeutung «Ober-, Haupt-» usw. auf, wie zum Beispiel in griechisch *archi-téktōn* (Baumeister). Im Deutschen wurde es zu *erz-/Erz-* wie in *erzgescheit, erzkatholisch, Erzbischof, Erzengel, Erzherzog* (Archidux) usw.

Übrigens: Über das Substantiv «Erz» in der Bedeutung «metallhaltiges Mineral» weiß man nicht viel, schon gar nichts über seine Herkunft. Aber man weiß zumindest, dass es mit *erz-/Erz-* im eben beschriebenen Sinne nichts zu tun hat.

Esel

Älteste belegte Form: 9. Jahrhundert.

So ein paar Unpaarhufer auf der Weide, kleine graue, haben doch etwas sehr Anrührendes, Trottelig-Heimeliges. Dass *Esel* für Dummheit stehen, war allerdings nicht immer so. Bei den alten

Römern, so bezeugen es einige Fabeln, war der *Esel* (*asinus*) durchaus Inbegriff überlegener gelassener Klugheit. Unsere Bezeichnung *Esel* für das liebenswerte Langohr wurde von der Verkleinerungsform *asellus* abgeleitet (vergleiche althochdeutsch *esil*).

Essig

Älteste belegte Form: 9. Jahrhundert.

Ohne das Lateinische wär's auch mit dem *Essig Essig*. Denn *Essig* wurde über mittelhochdeutsch *ezzich* und althochdeutsch *ezzih* aus *acetum* (Weinessig) entlehnt. Das wiederum ist auf *acidus* (sauer) zu beziehen.

Estrich

Älteste belegte Form: 9. Jahrhundert.

Wie vieles aus dem Bauwesen haben die Germanen auch den Estrich den Römern abgeschaut und dazu auch das entsprechende Wort *Estrich* (althochdeutsch *esterih, astrih*) aus mittellateinisch *astracum, astricum* (Pflaster) entlehnt, das seinerseits wohl auf griechisch *óstrakon* (Tonziegel, Scherbe, harte Schale) zurückgeht.

F

fachen, fächeln, Fächer

Älteste belegte Form: 15. Jahrhundert.

Ist ein Typ, der andauernd einen Streit anfacht, eigentlich ein Fachmann? Egal: Das Verb *fachen* (heute meist: *anfachen*, *entfachen*) jedenfalls geht auf frühneuhochdeutsch *fochen* zurück, das aus mittellateinisch *focare* (anzünden, durch Feuer vernichten) entlehnt wurde. Das mittellateinische Verb wiederum gehört zu lateinisch *focus* (Feuerstätte). Aus dem Verb wurde dann das Substantiv *Fächer* (frühneuhochdeutsch *focher, fechel*) gebildet und daraus das Verb *fächeln* (im 16. Jahrhundert).

Übrigens: Auf lateinisch *focus* geht auch das Fremdwort *Foyer* zurück, das im 19. Jahrhundert aus französisch *foyer* (Raum mit Feuerstelle) entlehnt wurde. *Foyer* ist aus lateinisch *focarius* (zum Herd gehörig) entstanden.

Fackel

Älteste belegte Form: 8. Jahrhundert.

Was wären Sankt Martin, murmelnd prozedierende mittelalterliche Mönche, Pfadfinder oder auch der Ku-Klux-Klan ohne *Fackelzüge*? Und was *Fackelzüge* ohne *Fackeln*? Da springt doch das Lateinische gern ein, *fackelt* nicht lange und stellt – sprachlich zumindest – die dringend benötigten *Fackeln* bereit. Über mittelhochdeutsch *vackel* und althochdeutsch *faccala* ist *Fackel* früh aus dem vulgärlateinischen *facla* entlehnt worden. Dieses geht auf lateinisch *facula* (brennender Span, Fackel) zurück, eine Verkleinerungsform von *fax* (Fackel). Auch *fackeln* im Sinne von «nicht zielorientiert handeln» kann unter Umständen auf *Fackel* bezogen werden. Eine Verbbildung *vackelen* im Sinne von «unruhig flackern» ist für das Spätmittelhochdeutsche (14. Jahrhundert) belegt. Daraus könnte sich dann auch die übertragene Bedeutung entwickelt haben. Allerdings sind auch andere Herkunftsmöglichkeiten im Gespräch, etwa eine, die mit «ficken» («facken, fucken» = hin- und herbewegen) zu tun hat.

Falke

Älteste belegte Form: 9. Jahrhundert.

Letztlich greifbar ist die Bezeichnung *Falke* für den kleinen Greifvogel den Etymologen nicht. Eine germanische Herkunft lässt sich nicht ausschließen. Dann wäre spätlateinisch *falco* (Falke) als aus dem Germanischen entlehnt zu deuten. Allerdings verwundert bei dieser Deutung, dass entsprechende Bezeichnungen im Altnordischen so spät auftreten und im Altenglischen völlig fehlen. Daher kommt auch eine rein lateinische Ableitung von spätlateinisch *falco* in Frage, das dann auf lateinisch *falx* (Sichel, Sense) bezogen werden könnte.

Übrigens: Die Etymologen sehen Sichelförmiges mal im Schnabel, mal in den Fängen des *Falken*. Nun gut: Da kann man schon irgendwie etwas Sichelförmiges sehen, wenn man will. Allerdings unterschiede das den Falken überhaupt nicht von anderen Greifvögeln. Vielleicht sind es ja doch eher seine charakteristischen sichelförmigen Flügel, die dem *Falken* den Namen eingebrockt haben.

fälschen, falsch

Älteste belegte Form: *fälschen* 9. Jahrhundert, *falsch* 12. Jahrhundert.

«Halb richtig ist ganz *falsch*», und ganz *falsch* wäre es, das Adjektiv *falsch* direkt auf Lateinisches zu beziehen. Beim Verb *fälschen* dagegen, das wie eine Ableitung von *falsch* daherkommt, sieht das ganz anders aus. Während *falsch* (mittelhochdeutsch *valsch* «treulos, ehrlos, unecht, trügerisch») erst über altfranzösisch *fals* unter Einfluss von mittelniederländisch *valsc* auf lateinisch *falsus* (falsch, irrig) zurückgeht, wurde *fälschen* (mittelhochdeutsch *velschen*, althochdeutsch *felsken*) schon früher direkt von vulgärlateinisch **falsicare* (gekürzt aus spätlateinisch **falsificare*, belegt ist nur das Partizip *falsificatus*) entlehnt. Das Adjektiv *falsus, -a, -um* geht auf das Partizip II von *fallere* (ausgleiten machen, nicht leisten, täuschen) zurück, die Stammformen lauten: *fallo* (ich täusche), *fefelli* (ich habe getäuscht), *falsus, -a, -um* (getäuscht). Das Verb **falsificare* ist zusammengesetzt aus dem Adjektiv *falsus, -a, -um* und dem Verb *facere* (machen).

Fatzke

Älteste belegte Form: um 1900.

Ihrem Wesen nach sind *Fatzkes*, grundlos eingebildete, eitle Männer, wahrscheinlich so lange in Umlauf, wie es Menschen gibt. Das Wort selbst ist vergleichsweise jung: Seit etwa 1900 hat sich *Fatzke* von Berlin aus ins restliche deutsche Sprachgebiet aufgemacht. Dabei ist *-ke* deutsch, genauer gesagt das niederdeutsche Verkleinerungssuffix (wie in «Piefke» etwa), während *Fatz-* mit einiger Wahrscheinlichkeit auf das veraltete Verb *fatzen* (verspotten, necken) zurückgeht, das wiederum von einem noch älteren Substantiv *Fatz* (Spott, Witz) abgeleitet ist. Und das Lateinische? Gemach, das kommt jetzt: *Fatz* ist aus lateinisch *facetia* (das Drollige, der Witz, Scherz, Laune) abgeleitet. (Puh, gerade noch mal geschafft.) Das Substantiv *facetia* wiederum ist abgeleitet vom Adjektiv *facetus, -a, -um* (anmutig, elegant, wohlgestaltet, launig witzig), das vielleicht auf *fax* (Fackel) zu beziehen ist.

Feier, Ferien, Fest

Älteste belegte Form: 16. Jahrhundert.

Im 16. Jahrhundert tauchte in der Gerichtssprache erstmals der Begriff *Ferien* auf. Gemeint waren damit die Tage, an denen keine Verhandlungen stattfanden. Erst über die spätere Verwendung des Wortes in der Schule erweiterte sich die Bedeutung. Entlehnt wurde *Ferien* aus lateinisch *feriae* (Festtage, geschäftsfreie Tage). Aus lateinisch *feriae* bildete das Spätlateinische den Singular *feria* (Festtag, Feiertag), aus dem das althochdeutsche *fir(r)a* entlehnt wurde. Daraus entwickelte sich schließlich unser Wort *Feier*. Das lateinische *feriae* geht zusammen mit *festus* (festlich, feierlich) und *fanum* (heilige, religiöse Stätte) auf einen gemeinsamen Stamm zurück, der so etwas wie «religiöse Handlung» bedeutet. Vom lateinischen Adjektiv *festus, -a, -um* wurde im 13. Jahrhundert unser Substantiv *Fest* entlehnt.

Feige

Älteste belegte Form: 9. Jahrhundert.

Das Substantiv *Feige* (althochdeutsch *figa*) wurde aus vulgärlateinisch *fica* bzw. lateinisch *ficus* (Feigenbaum, Feige) entlehnt, und zwar unter galloromanischem (altprovenzalischem) oder oberitalienischem Einfluss, wofür das *-g-* (statt *-k-*) spricht. Lateinisch *ficus* ist verwandt mit griechisch *sýkon* (Feige). Die Etymologen gehen aber davon aus, dass beide Wörter, das griechische und das lateinische, unabhängig voneinander aus einer vorindogermanischen Mittelmeersprache, vielleicht einer kleinasiatischen Sprache, entlehnt worden sind.

Fenchel

Älteste belegte Form: 8. Jahrhundert.

Fenchel wird ja gegen allerlei Wehwehchen ins Feld geführt. Gut also, dass wir die Pflanze einst aus südlicheren Gefilden eingeführt haben. Das Wort *Fenchel* (mittelhochdeutsch *ven(i)chel*, althochdeutsch *fenihhal*) ist früh aus mittellateinisch **feniclum* bzw. spätlateinisch *fenuculum* für lateinisch *feniculum/feniculus* (Fenchel) entlehnt worden. Lateinisch *feniculum/feniculus* wiederum gehört zu *fenum/faenum* (Heu), da man offenbar fand, dass Fenchel nach Heu rieche.

Fenster

Älteste belegte Form: 8. Jahrhundert.

Das aus lateinisch *fenestra* (Scharte, Luke, Fenster) entlehnte Wort *Fenster* hat schon sehr früh die entsprechenden germanischen Ausdrücke ersetzt. Vielleicht erklärt sich das Neutrum im Deutschen statt des Femininums im Lateinischen durch eine Übernahme des Genus vom ursprünglichen germanischen «ougatora» (Öffnung in Form eines Auges). Wahrscheinlich geht *fenestra* über das Lateinische hinaus noch weiter auf eine andere Sprache zurück: Ein heißer Kandidat wäre das Etruskische.

Übrigens: Wie kommt man überhaupt zu solchen Vermutungen? Da sind die Etymologen sehr trick- und einfalls-, ja geradezu fantasiereich (auch schon mal überschießend). Für die etruskischen Wurzeln von *fenestra* (älter auch: *festra*) könnte etwa sprechen, dass der Stamm **fnest(r)a* in Eigennamen nachgewiesen und auch das Suffix *-st(r)a* im Etruskischen geläufig ist (↑ *Ginster*). Sicher ist diese Ableitung freilich nicht.

Ferien ↑ Feier, Ferien, Fest

Fest ↑ Feier, Ferien, Fest

Fieber

Älteste belegte Form: 9. Jahrhundert.

Ganz bestimmt hat so mancher Leser schon der Etymologie des Wortes *Fieber entgegengefiebert.* Gemach, gemach – hier ist sie: Das Substantiv *Fieber* (althochdeutsch *fiebar*) wurde aus lateinisch *febris* (Fieber) entlehnt, zu *fervere/ferbere* (sieden, kochen, heiß sein, glühen). Davon abgeleitet sind *(entgegen)fiebern* (spätmittelhochdeutsch *viebern*), *fieb(e)rig* (spätmittelhochdeutsch *fieberic*) und *fieberhaft* (Anfang 18. Jahrhundert).

Flamme, flammen, flimmern

Älteste belegte Form: 10. Jahrhundert.

Wenn man Feuer und *Flamme* ist für etwas, ist das ja ein wenig pleonastisch. Jedenfalls ist das Substantiv *Flamme* (mittelhochdeutsch *vlamme*) aus lateinisch *flamma* (Flamme), eigentlich **flagma*, entlehnt, das zum Stamm von lateinisch *flagrare* (brennen) gehört. Von *Flamme* abgeleitet sind die Verben *(ent)flammen* und *flimmern* (im 16. Jahrhundert noch *flimmen*).

Übrigens: Schicklich ist es nun wirklich nicht, eine Frau zu *flambieren*, aber genau das wurde in dem bekannten Film «Die *flambierte* Frau» thematisiert. Dass das Fremdwort *flambieren* auch zu *flamma* gehört, liegt auf der Hand. Das Verb wurde im 19. Jahrhundert aus französisch *flamber* (absengen) entlehnt, das zum Substantiv *flambe* (Flamme) gehört.

Flaum

Älteste belegte Form: 10. Jahrhundert.

Das Substantiv *Flaum* wurde über mittelhochdeutsch *pflume* und althochdeutsch *pflūma* aus lateinisch *pluma* (Flaumfeder) entlehnt.

Übrigens: *Flausch* und *Flausen* (auch die im Kopf) sind originär niederdeutsch, haben aber durchaus die gleichen indoeuropäischen Wurzeln wie *pluma*, also auch *Flaum*.

Flegel

Älteste belegte Form: 10. Jahrhundert.

Einem dreisten *Flegel* wird ja schon mal gern Dresche angeboten. Das kann im Grunde nicht verwundern, gehören doch *Flegel* und «Dresche» nahezu untrennbar zusammen, etwa im Wort *Dreschflegel.* Im Kirchenlatein hieß der Dreschflegel *flagellum.* Das geht auf das lateinische *flagellum* (Geißel, Peitsche) zurück, eine Verkleinerungsform von *flagrum.* Aus dem Kirchenlatein entlehnt wurde das Wort zunächst in der Bedeutung «Dreschflegel». Dass vom Gerät auf den Menschen, der es schwingt, übertragen wird, ist seit dem 16. Jahrhundert belegt. Die pejorative Bedeutung «derber, ungehobelter Mensch» entwickelte sich noch später.

flimmern ↑ Flamme, flammen, flimmern

Flocke

Älteste belegte Form: 9. Jahrhundert.

Nicht für noch so viel Asche, Flöhe, Kies, Knete, Kohle, Kröten, Marie, Mäuse, Moos, Piepen, Pulver, Schotter, Zaster oder *Flocken* könnte man so einfach locker-flockig die Herkunft von *Flocke* erklären. Denn die Herkunft des Substantivs *Flocke* (mittelhochdeutsch *vlock[e]* «Schnee-, Blütenflocke, Funke, Wollflocke», althochdeutsch *floccho* «Wollflocke») ist alles andere als klar. Möglicherweise wurde *Flocke* aus lateinisch *floccus* (Wollfaser) entlehnt. Möglicherweise ist *Flocke* aber auch ein Erbwort, das mit Wörtern wie norwegisch (mundartlich) *flugsa* (Schneeflocke), lettisch *plaũki* (Wollflocke, Webabfall) oder litauisch *pláukas* (Haar) verwandt sein könnte (die übrigens mit dem Verb *fliegen* zu tun haben). Möglicherweise hat sich da auch beides überlagert.

Föhn

Älteste belegte Form: 10. Jahrhundert.

Föhn (mittelhochdeutsch *fœnne,* althochdeutsch *phōnno*) ist ein altes Schweizer Wort, das über vulgärlateinisch *faonius* auf lateinisch *favonius* (lauer Westwind, Zephyr) zurückzuverfolgen ist, das wiederum zum Verb *fovere* (wärmen, warm halten, begünstigen) gehört. Das Wort *Föhn* verbreitet sich seit dem 16. Jahrhundert im anliegenden deutschen Sprachraum.

Folter, foltern

Älteste belegte Form: um 1400.

Dass jemand auf die *Folter* gespannt wird, ist ja leider auch heute noch im ganz wörtlichen Sinn weit verbreitet. Das «Spannen» erklärt sich daraus, dass mit *Folter* zunächst das Foltergerät gemeint war: Etwa um 1400 tritt es erstmals als *foltrit* auf, gleichzeitig das Verb *foltern*. Ganz sicher geklärt ist die Herkunft des Wortes nicht. Da aber die Folter eine legale Verhörmethode des römischen, allerdings nicht des germanischen Rechts war, ist es doch durchaus wahrscheinlich, dass *Folter* auf mittellateinisch *poledrus* (Fohlen) zurückgeht, das dann ein Foltergerät bezeichnete, das der Form nach einem kleinen Pferd ähnelte. Das mittellateinische *poledrus* gehört zu lateinisch *pullus, -a, -um* (jung, Junges), das zur Wortgruppe um *paucus, -a, -um* (wenig) und *paul(l)us, -a, -um* (klein, dazu gehört etwa auch der Personenname *Paulus*) zu zählen ist.

Forke

Älteste belegte Form: 10. Jahrhundert.

Für oder gegen Heu und Mist ist eine *Forke* knorke. Das Wort *Forke* ist über mittelhochdeutsch *furke* und althochdeutsch *furka* (Gabel, Holzgabel) von lateinisch *furca* (zweizinkige Gabel) entlehnt.

Frucht

Älteste belegte Form: 9. Jahrhundert.

«Die süßesten *Früchte* schmecken dir und mir genauso. Doch weil wir beide klein sind, erreichen wir sie nie.» (Aus: «Die süßesten *Früchte*» / «Papaveri e papere») Zumindest das Substantiv *Frucht* (mittelhochdeutsch *vruht*, althochdeutsch *fruht*) hat uns dann ja doch erreicht, es wurde nämlich aus lateinisch *fructus* (Nutzung, Genuss, Frucht, Erfolg, Lohn) entlehnt, das zum lateinischen Deponens *frui* (sich laben, den Nießbrauch haben, genießen) gehört, das indogermanisch verwandt ist mit «brauchen».

Übrigens: Das Adjektiv *frugal* wurde im 18. Jahrhundert aus französisch *frugal* entlehnt, das auf lateinisch *frugalis* (zu den Früchten gehörig, fruchtig) zurückgeht, und dieses gehört zu lateinisch *frux* (Frucht, Genitiv: *frugis*), einer Nebenform zu *fructus*. Wenn man an die süßesten Früchte denkt, stellt man sich ein *frugales* Mahl wohl eher als Luxus vor, und so wird es auch oft, wenn auch falsch, verwendet. Denn eigentlich geht es beim frugalen Mahl um ein schlichtes bäuerliches Essen aus den Früchten des Feldes (ohne aufwendigen Schnickschnack).

G

Gams/Gämse

Älteste belegte Form: 13. Jahrhundert.

Die Bezeichnung der einzigen Antilopenart Mitteleuropas *Gämse* (mittelhochdeutsch *gemeȝe*, althochdeutsch *gamiȝa*) stammt wahrscheinlich aus einer untergegangenen Alpensprache. Möglicherweise ist *Gämse/Gams* über spätlateinisch *camox* (Gams, Gämse) ins Deutsche gelangt, vielleicht aber auch auf direkterem Weg. Vermutet wird bisweilen eine althochdeutsche Nebenform **gamuz*, die sich dann über mittelhochdeutsch *gam(e)z* zu neuhochdeutsch *Gams* entwickelte.

Geste

Älteste belegte Form: 15. Jahrhundert, in der heutigen Form 18. Jahrhundert.

Zunächst tritt das Substantiv *Geste* in der Wendung *Gesten machen* (etwa von Gauklern) im Plural auf. Aus dem Plural rückgebildet wurde dann der Singular *Geste*. Entlehnt ist das Wort aus lateinisch *gestus* (Haltung/Bewegung des Körpers, Gebärden von

Schauspielern oder Rednern), das zum Verb *gerere* (tragen, ausführen, sich benehmen/verhalten) gehört (Partizip II: *gestum*).

Übrigens: Aus der Verkleinerungsform *gesticulus* (pantomimische Äußerung) ist das Verb *gesticulari* (heftige Gebärden machen) abgeleitet, aus dem wiederum das deutsche Verb *gestikulieren* entlehnt ist.

Auf *gerere* zurück gehen über die Zusammensetzungen *regerere* und *suggerere* die Fremdwörter *Register/registrieren/Registratur* und *suggerieren/Suggestion*. Das Substantiv *Register* wurde im 14. Jahrhundert aus mittellateinisch *registrum* (Verzeichnis) entlehnt, von spätlateinisch *regesta* (substantiviertes Partizip II, Plural Neutrum, von lateinisch *regerere* [zurückbringen, hinbringen, eintragen, einschreiben]). Dazu gehört das Verb *registrieren* (15. Jahrhundert, aus mittellateinisch *registrare*). Die *Registratur* ist eine neulateinische Bildung des 16. Jahrhunderts.

Das Verb *suggerieren* ist für das Ende des 16. Jahrhunderts belegt. Entlehnt ist es aus lateinisch *suggerere* (von unten herantragen, unter der Hand beibringen, anraten, eingeben), das aus *sub* (unter) und *gerere* zusammengesetzt ist. Dazu gehört *Suggestion* (17. Jahrhundert) aus lateinisch *suggestio* (Eingebung, Einflüsterung) und *suggestiv* (19. Jahrhundert) als neulateinische Bildung nach entsprechend englisch *suggestive*, französisch *suggestif.*

Ginster

Älteste belegte Form: 11. Jahrhundert.

Die Bezeichnung *Ginster* für das leuchtend gelb blühende Gehölz geht über mittelhochdeutsch *ginster, genster* und althochdeutsch *genesta, genester* zurück auf lateinisch *genista* (Ginster). Das lateinische Wort könnte aus dem Etruskischen stammen (↑ *Fenster*).

Gips

Älteste belegte Form: 11. Jahrhundert.

Nicht den Grips für *Gips* hatten die Germanen – oder erst einmal keinen Bedarf. Das Wort *Gips* für das Baumaterial ist aus lateinisch *gypsum* entlehnt und das geht wiederum auf griechisch *gýpsos* (Gips, Zement) zurück und hat eventuell semitische Wurzeln (vergleiche hebräisch *gāvīš* [Kristall]).

Graf

Älteste belegte Form: 8. Jahrhundert.

Die alte Skatweisheit «Wer schreibt, der bleibt» hat sich auch im politischen Leben immer wieder bestätigt. Ein Beispiel dafür könnte der Adelstitel *Graf* sein – zumindest, wenn man davon ausgeht, dass das Substantiv *Graf* (mittelhochdeutsch *grāve*, althochdeutsch *grāfio, grāvo*) auf mittellateinisch *graphio* zurückgeht, das sich wiederum aus dem byzantinischen Hoftitel *grapheus* (Schreiber) entwickelt hat (was vermutet wird, aber nicht ganz sicher ist). Bei den frühen Merowingern waren die *Grafen* zunächst so etwas wie Polizei- und Vollstreckungsbeamte, dann königliche Beamte mit administrativen und richterlichen Befugnissen. Bei den Karolingern wurde der *Graf* mit Landbesitz belehnt und seit dem Ende des 12. Jahrhunderts sind die *Grafen* ein Adelsstand. (↑ Griffel)

Übrigens: Wer bekennt: «I shot the *Sheriff*» (Bob Marley), hat irgendwie – zumindest wörtlich – einen Grafen mit Blei angereichert, denn *Graf* (altenglisch *gerēfa*) steckt noch im zweiten Bestandteil von *Sheriff*.

Im 19. Jahrhundert wurden aus griechisch *graphikḗ téchnē* (Schreib-, Zeichen-, Malfertigkeit), dem das Verb *gráphein* ([ein]ritzen, schreiben) zugrunde liegt, *Grafik*, *-grafie* und *-graf* entlehnt, etwa in: *Biograf(ie), Geograf(ie), Kartograf(ie), Stenograf(ie), Grafiker, Grafit* usw. Die griechische Nominalbildung *grámma* (Geschriebenes, Buchstabe, Schrift) spielt ebenfalls in vielen Wortbildungen eine Rolle, etwa in: *Programm* (zu *prográphein* [öffentlich hinschreiben], Anfang des 18. Jahrhunderts), *Autogramm* (mit griechisch *autós* [selbst], spätes 19. Jahrhundert), *Monogramm* (mit griechisch *mónos* [allein, einzig], 17. Jahrhundert), *Telegramm* (mit griechisch *tēle* [fern], 19. Jahrhundert), *Grammofon* (mit griechisch *phōnḗ* [Stimme, Ton, Schall], spätes 19. Jahrhundert), *Grammatik* (entlehnt aus *ars grammatica* von *grammatikḗ téchnē* [Lehre von den Buchstaben, Wörtern, Sätzen, Texten], 11. Jahrhundert), *Gramm* (aus französich *gramme*, 19. Jahrhundert) usw.

Greif

Älteste belegte Form: 10. Jahrhundert.

Das Substantiv *Greif* (mittelhochdeutsch *grīf[e]*, althochdeutsch *grīf[o])*, ob als Fabelgestalt oder als Vogel, wurde unter Anlehnung an althochdeutsch *grīfan* (greifen) aus spätlateinisch *gryphus* (Greif), zu lateinisch *gryps, gryphis*, entlehnt, das auf griechisch *grȳps* (Greif) zurückgeht. Das wiederum gehört wahrscheinlich zur Wortgruppe um griechisch *grȳpós* (krummnasig, gekrümmt, mit einer Habichtsnase).

Griffel

Älteste belegte Form: 9. Jahrhundert.

Noch wollen wir den *Griffel* nicht aus der Hand fallen lassen, jedenfalls nicht, ohne geklärt zu haben, dass das Substantiv *Griffel* (althochdeutsch *griffil*) unter dem Einfluss von althochdeutsch *grīfan* (greifen) und mithilfe des für Werkzeuge verwendeten Suffixes *-il* von althochdeutsch *graf* (Schreibgerät) abgeleitet ist. Althochdeutsch *graf* aber wurde aus lateinisch *graphium* entlehnt, das auf griechisch *grapheīon, graphíon* (Schreibwerkzeug, Metallgriffel) zurückgeht, das wiederum zu griechisch *gráphein* (schreiben) gehört. (↑ Graf)

Grille

Älteste belegte Form: 12. Jahrhundert.

Hat nicht jeder so seine *Grillen*? Wir jedenfalls haben das Wort für das Insekt *Grille* (althochdeutsch *grillo*) von lateinisch *grillus*/ *gryllus* entlehnt. Dazu gehört auch das Verb *grillare* (zirpen). Die Wörter sollen lautnachahmenden (onomatopoetischen) Ursprungs sein. Eine Verbindung zu griechisch *grýl(l)os* (Ferkel) scheint eher unwahrscheinlich. Im übertragenen Sinn von «kurioser Einfall, Laune» wird *Grille* seit dem 15./16. Jahrhundert, vereinzelt schon im 14. Jahrhundert, verwendet.

Groppe

Älteste belegte Form: 14. Jahrhundert.

Mit *Groppe* (frühneuhochdeutsch *gropp*, althochdeutsch *groppo*) wird der Dickkopf unter den Fischen bezeichnet, denn die *Groppe* hat wirklich einen ziemlich dicken Kopf. Die Herkunft der Bezeichnung ist ungewiss. Denkbar sind mit Blick auf den dicken Kopf des Fisches sowohl eine Ableitung vom althochdeutschen Adjektiv *g(e)rob* (dick, massig, grob) als auch eine Umbildung von mittellateinisch *carabus* (ein langgeschwänzter Meerkrebs), zu griechisch *kárabos* (Holzkäfer). Sicheres: Fehlanzeige.

Groschen

Älteste belegte Form: 13. Jahrhundert.

In D-Mark-Zeiten kannte man *Groschen* noch als Bezeichnung für ein Zehnpfennigstück: «Wer den Pfennig nicht ehrt, ist den *Groschen* nicht wert.» Vom 14. Jahrhundert bis ins 19. Jahrhundert bezeichnete *Groschen* in Deutschland eine Silbermünze (mittelhochdeutsch *grosse*). Abgeleitet ist die Bezeichnung aus mittellateinisch *(denarius) grossus* (dicker Denar, Dickpfennig), was zu lateinisch *grossus* (dick) gehört. Und: Ist der *Groschen* gefallen?

Übrigens: Eine ziemlich abgedrehte Geschichte ist die des englischen Admirals Edward Vernon (1684–1757), der gern einen Überrock aus grobem Stoff (*grogram*) trug und sich so den Spitznamen «Old *Grog*» erwarb. Nachdem er nun seinen Matrosen befohlen hatte, den Rum nur noch mit Wasser vermischt zu trinken, soll der Legende nach das Getränk flugs die Bezeichnung *Grog* weggehabt haben. Der Ausdruck *grogram* war aus französisch *gros grain* (grobes Korn) entlehnt worden, was letztlich auf lateinisch *granum grossum* zurückgeht – womit wir irgendwie wieder bei *Groschen* wären. Ins Deutsche entlehnt wurde das Wort *Grog* im 18. Jahrhundert, das Adjektiv *groggy* (benommen, angeschlagen) im 20. Jahrhundert (zunächst in der Boxersprache).

Gruft

Älteste belegte Form: 11. Jahrhundert.

Wie lateinisch bzw. griechisch die Bezeichnung für das unterirdische Gewölbe *Gruft* ist, lässt sich kaum sagen. Das althochdeutsche Verbabstraktum *girophti* (Graben), zum althochdeutschen Verb *graban* (graben), hat sich wahrscheinlich vermischt mit althochdeutsch *cruft* (unterirdischer Gang), das abgeleitet ist von vulgärlateinisch *crupta* (*Krypta*), zu lateinisch *crypta*. Das lateinische Wort wurde aus griechisch *kryptḗ* (verdeckter unterirdischer Gang, Gewölbe) entlehnt, das zum Verb *krýptein* (verbergen, verstecken) gehört.

Übrigens: Auf vulgärlateinisch *crupta* geht auch das Lehnwort *Grotte* zurück, das im 15. Jahrhundert aus italienisch *grotta* (Felsenhöhle) entlehnt wurde. Aus dem von *grotta* abgeleiteten italienischen Adjektiv *grottesco* (zur Grotte gehörig) wurde im späten 16. Jahrhundert über französisch *grotesque* das Fremdwort *grotesk* entlehnt, das zunächst in Fügungen wie *grottesca pittura* (fantastische antike Fels-, Wand- und Deckenmalerei) als kunsttheoretischer Terminus technicus verwendet wurde. Erst seit Mitte des 18. Jahrhunderts verbreitete sich das Adjektiv *grotesk* nach und nach auch im Allgemeinsprachlichen.

Gugelhupf, Gugelhopf

Älteste belegte Form: 17. Jahrhundert.

Den gemeinen Napfkuchen nennt man in Süddeutschland und Österreich gern *Gugelhupf* und in der Schweiz *Gugelhopf*. Etymologisch gesehen sind die beiden Bezeichnungen lateinisch-germanische Hybridbildungen. Das Grundwort *-hupf/-hopf* gehört wohl zu «Hefe», während das Bestimmungswort *Gugel-* (frühneuhochdeutsch *gugel* «Kapuze») von mittellateinisch *cuculla* (Kapuze) abgeleitet ist, das wiederum auf lateinisch *cucullus* (Hülle, Kapuze) zurückgeht.

Gurgel, gurgeln

Älteste belegte Form: 10. Jahrhundert.

Das Substantiv *Gurgel* (althochdeutsch *gurgula*) wurde aus lateinisch *gurgulio* (Kehle, Luftröhre) entlehnt und hat nach und nach das entsprechende heimische Wort (althochdeutsch *querchela*) verdrängt. Beide Wörter sind indogermanisch urverwandt. Abgeleitet wurde dann das Verb *gurgeln* (althochdeutsch *gurgilōn*).

H

Hallimasch

Älteste belegte Form: 19. Jahrhundert.

Essbar ist ja ein dehnbarer Begriff. Den *Hallimasch* verträgt in der Tat nicht jeder: Durchfall etwa ist durchaus häufig nach seinem «Genuss». Darauf nimmt die volksetymologische Umdeutung der österreichisch-bayerischen Variante *Halamarsch* («glatt/heil im Arsch» mit bairisch *hal* als «glatt» oder «heil») Bezug. Die tatsächliche Herkunft der ursprünglich österreichischen/böhmischen Bezeichnung *Hallimasch/Halamarsch*, nachgewiesen erst für den Anfang des 19. Jahrhunderts, ist allerdings völlig unklar. Eine Möglichkeit wäre immerhin, dass es sich um eine Umformung der botanischen Bezeichnung für den Pilz handelt: *armillaria*. Diese bezieht sich auf lateinisch *armilla* (Armband, breiter Eisenring), das wiederum zu lateinisch *armus* (oberster Teil des Oberarms, Schulterblatt) gehört. Der Pilz ist also nach dem wattigen Ring benannt, der sich bei vielen Hallimascharten am Stiel findet.

Übrigens: Die Ähnlichkeit von deutsch *Arm* und lateinisch *armus* beruht nicht darauf, dass das eine aus dem anderen entlehnt worden wäre, sondern darauf, dass beide Wörter indogermanisch urverwandt sind. Sie gehen auf den gemeinsamen Ursprung **arə-mo/*rə-mo* (Schultergelenk, Arm) zurück, der auf die Wurzel **arə-* (fügen, zusammenpassen) zu beziehen ist. Dieses indogermanische Element findet sich etwa in Fremdwörtern aus dem Lateinischen, wie zum Beispiel: *Armee, Artikel, Artist, Rate, rational, Ritus*, oder in Fremdwörtern aus dem Griechischen, wie zum Beispiel: *Arthritis, Harmonie*, aber auch in deutschen Wörtern wie *gerade, hundert, raten, Rede* und *Reim*.

herrjemine

Älteste belegte Form: 17. Jahrhundert.

Herrjemine, herrjemine soll jetzt auch noch lateinisch sein? Ein wenig schon. Und auch *o jemine*. Allerdings ist in beiden Ausdrücken das Lateinische schon reichlich entstellt, und zwar aus: *Jesu domine!* (Herr Jesus!), wobei natürlich nur *domine* als Vokativ (Anredefall) wirklich lateinisch ist. *Herrjemine* ist irgendwie pleonastisch, doppelt gemoppelt. Denn in der Vollform hieße es ja: *Herr Jesus dominus*, also im Grunde: *Herr Jesus Herr*. Wahrscheinlich soll hier aus religiöser Scheu vermieden werden, den vollen Namen Jesu auszusprechen.

I

impfen

Älteste belegte Form: 9. Jahrhundert.

Die Römer hatten viele neue Verfahren und die entsprechenden Geräte des Obst- und Gartenbaus nach Germanien gebracht. Das hat sich im Vokabular dieses Bereiches niedergeschlagen. So wurden mit der Technik des Pfropfens etwa auch die Verben *pfropfen* (↑ Pfahl) und *impfen* (althochdeutsch *impfōn*) als Fachtermini aus dem Lateinischen entlehnt. Dabei war mit *impfen* im gartenbautechnischen Sinne gemeint «ein Pfropfreis einsetzen». Zurück geht das Verb auf vulgärlateinisch *imputare* (einsetzen, pfropfen, veredeln). Im klassischen Latein gibt's das Verb so nicht. Im Adjektiv *imputatus, -a, -um* bedeutet *im-* «un-», also «unbeschnitten», etwa *vinea imputata* = «der unbeschnittene Weinberg». Das Verb *imputare* selbst ist wahrscheinlich aus griechisch *em-phyteúein* (einpflanzen, pfropfen) ins Vulgärlateinische entlehnt worden.

In der heutigen, medizinischen Bedeutung tauchte *impfen* erst im 18. Jahrhundert in der medizinischen Fachsprache auf, und es verbreitete sich von da aus schließlich ins Allgemeinsprachliche.

Insel

Älteste belegte Form: 9. Jahrhundert, heutige Form mit *-n-* 13. Jahrhundert.

Wer reif für die *Insel* mit zwei Bergen und 'nem Eisenbahnverkehr ist, den interessiert vielleicht gar nicht so sehr, dass das Substantiv *Insel* von lateinisch *insula* stammt – oder gerade? Genau genommen ist lateinisch *insula* zweimal ins Deutsche geraten. Zunächst romanisch vermittelt (vergleiche italienisch *isola* und altfranzösisch *isle*). Das erklärt auch, warum in althochdeutsch *īsila* und frühmittelhochdeutsch *isele* das *-n-* aus dem lateinischen Wort fehlt. Dass heute im Deutschen das *-n-* wieder eingebaut ist, liegt daran, dass das Wort noch einmal entlehnt wurde und dieses Mal direkt aus dem Lateinischen. So heißt es schon im Mittelhochdeutschen *insel(e)*. Dass *insula* aus *in salo* (im Meer) entstanden ist, gilt als zweifelhaft, ist aber immerhin vorstellbar.

Übrigens: Man kann auch jemanden oder etwas zur Insel machen, sprich: *isolieren*. Das Verb *isolieren* geht über französisch *isoler* auf italienisch *isolare* zurück, das natürlich zum Substantiv *isola* gehört bzw. zu lateinisch *insula*. Für einen entspannten Strandurlaub eignen sich die Langerhans-*Inseln* kaum, denn sie befinden sich nicht in der Ostsee, sondern in der Bauchspeicheldrüse und produzieren *Insulin*, das auch nach diesen *Inseln* so benannt ist.

J

Jubel

Älteste belegte Form: 13. Jahrhundert.

Aus dem spätlateinischen *iubilum* wurde das kirchenlateinische *iubilus* (lang gezogener, jubelnder Ausklang eines Kirchenliedes), auf dem schließlich unser *Jubel* beruht.

Übrigens: In einem Kirchenlied aus dem 14. Jahrhundert wird munter lateinisch und deutsch gereimt: «In dulci *jubilo* / nun singet und seid froh!» Und genau jenes kirchenlateinische *iubilare* (jauchzen, frohlocken) ist es, das dem Verb *jubilieren* (mittelhochdeutsch *jūbiliren*) zugrunde liegt. Kirchenlateinisch *iubi-*

lare ist zu beziehen auf lateinisch *iubilare* (lärmen [das Kreischen von Vögeln etwa], jauchzen, jodeln [vor allem bei Bauern und Jägern], anschreien), das zum Substantiv *iubilum* (das Jauchzen, das Jodeln, der fröhliche Aufschrei) gehört. Doch all unser *Jubel* geht dann doch nicht auf spätlateinisch *iubilum* zurück. In dem Wort *Jubeljahr* (mittelhochdeutsch *jūbeljār*) im Sinne des Heiligen Jahres mit besonderen Ablässen, das in der katholischen Kirche alle zunächst 50, dann 33, schließlich 25 Jahre begangen wurde und wird (dazu die Redensart «alle *Jubeljahre* mal»), spielt für den *Jubel* auch hebräisch *yôvel* (Widderhorn, Freudenschall) eine Rolle. Das Gleiche gilt für Wörter wie *Jubelfeier, Jubelgreis, Jubelhochzeit, Jubelpaar*. In besagtes Horn stieß man nämlich alle 50 Jahre aus Anlass des Halljahres, des Erlassjahres der Juden. Das hat sich dann mit vulgärlateinisch *iubilum* vermischt. Dieser Vermischung verdanken sich Bildungen wie spätlateinisch *annus iubilaeus* (*Jubeljahr*), spätlateinisch *iubilaeum* (*Jubelzeit*), aus dem sich zum Ende des 16. Jahrhunderts das Fremdwort *Jubiläum* entwickelt hat, und mittellateinisch *iubilarius* (für jemanden, der 50 Jahre im gleichen Stand ist). Daraus wiederum wurde im 18. Jahrhundert der *Jubilar* (jemand, der ein Jubiläum begeht) und Anfang des 20. Jahrhunderts dann auch die *Jubilarin*.

K

Kachel

Älteste belegte Form: 11. Jahrhundert.

Wenn Leistungsschwimmer *Kacheln* zählen, kann das ja auch was Ödes haben. Das Substantiv *Kachel* (althochdeutsch *kahhala* «irdener Topf, Öllampengefäß, irdenes Gefäß») wurde entlehnt aus spät-/vulgärlateinisch **cacculus/caccalus*, das lateinisch *caccabus* (Tiegel, Pfanne) entspricht. Das lateinische Wort ist wiederum aus griechisch *kákkabos* (dreibeiniger Kessel) entlehnt. Die heutige Bedeutung «Kachel, Fliese» hat sich erst später entwickelt.

Käfig

Älteste belegte Form: 10. Jahrhundert.

Geht es eigentlich in dem Film «Ein *Käfig* voller Narren» vielleicht um einen *Narrenkäfig* (wie bei der Verleihung des Ordens wider den tierischen Ernst in Aachen)? Egal: Abgeleitet ist das Substantiv *Käfig* (mittelhochdeutsch *kevje*, althochdeutsch *kev[i]a*) jedenfalls aus lateinisch *cavea* (Höhle, Käfig, Behälter), das zum Adjektiv *cavus, -a, um* (hohl) gehört.

Übrigens: Auf lateinisch *cavea* zurück geht auch das Fremdwort *Koje*, es ist um 1600 aus mittelniederländisch *koye* (Schlafstelle auf Schiffen) entlehnt worden.

Kaiser

Älteste belegte Form: 9. Jahrhundert.

Gäbe es einen Wettbewerb um das Wort, das als allererstes aus dem Lateinischen ins Deutsche entlehnt wurde, dann hätte das Wort *Kaiser* wahrscheinlich nicht die geringste Chance. Denn *Kaiser*, davon gehen die Etymologen aus, ist so alt, dass es überhaupt noch kein Deutsch gab, als es entlehnt wurde. *Kaiser* wäre dann also keine Entlehnung ins Deutsche, sondern eine ins Germanische und wäre von da aus quasi als Erbwort ins Deutsche gelangt.

Das Substantiv *Kaiser* (althochdeutsch *keisar*) geht auf den Beinamen des römischen Feldherrn und Diktators Gaius Julius *Caesar* (100–44 v. Chr.) zurück, den die Germanen als Bezeichnung für «Herrscher» adaptiert hatten. Entlehnt wurde das Wort wohl schon vor Christi Geburt, als das *-ae-* im Lateinischen noch als [aɪ̯] gesprochen wurde.

Übrigens: Die romanischen Sprachen bezeichnen ihre Herrscher nicht so, sondern mit Wörtern, die aus lateinisch *imperator* (Befehler, Feldherr, Kaiser) abgeleitet sind (zum Beispiel französisch *empereur*), während in slawischen Sprachen oft letztlich wieder *Cäsar/Caesar* Pate steht, etwa bei russisch und bulgarisch *car* (Zar, Kaiser). (In einigen slawischen Sprachen kann man auch verfolgen, wie aus einem ganz anderen Personennamen ebenfalls die Bezeichnung für «Herrscher, König» abgeleitet wurde. Denn die entsprechenden Bezeichnungen, russisch *koról*, bulgarisch *kral*, tschechisch *král*, polnisch *król* und im 16./17. Jahrhundert niedersorbisch *krol*, gehen auf den Namen *Karls* des Großen zurück, althochdeutsch *Karal, Karl.*)

Für den Namen *Caesar* selbst bietet der römische Schriftsteller Plinius der Ältere (23 oder 24–79) eine außerordentlich abenteuerliche Etymologie an: Da der erste Träger des Namens *Caesar* aus dem Leib seiner Mutter herausgeschnitten worden sei, müsse man den Namen auf das Verb *caedere* (schlagen, herausschneiden) beziehen. Diese Legende liegt dem Terminus technicus der mittelalterlichen Medizin *sectio caesarea* (kaiserlicher Schnitt) für die operative Entbindung zugrunde. Im Deutschen wurden dafür verschiedene Lehnübersetzungen verwendet. Durchgesetzt hat sich schließlich *Kaiserschnitt* (seit dem 17. Jahrhundert).

Kalk

Älteste belegte Form: 8. Jahrhundert.

Architektur und Bauhandwerk gehen bei Vitruv (1. Jahrhundert v. Chr.) noch zusammen, und so wusste er auch zu vermitteln, was zum Beispiel beim Löschen und Brennen von *Kalk* zu beachten ist: «Tum etiam de *calce* diligentia est adhibenda, uti de albo saxo aut silice coquatur; et quae erit ex spisso et duriore, erit utilis in structura, quae autem ex fistuloso, in tectoriis.» (Vitruv 1987: 91) (Dann ist auch auf den Kalk Sorgfalt zu verwenden, [und zwar in Hinsicht darauf,] dass er aus weißem Felsgestein oder aus Silex gebrannt wird. Der aus Dichtem und Hartem ist für die Tragstruktur brauchbar, der aus Porösem aber für den Putz.) Und damit ist auch klar, woher wir unser Wort *Kalk* haben: aus dem Lateinischen nämlich, wie so viele bautechnische und bauhandwerkliche Fachbegriffe. Schon ins Germanische entlehnt wurde *Kalk* aus lateinisch *calx* (Kalkstein, Kalk).

Übrigens: Gerade wer haarscharf *kalkuliert*, ist im Grunde dadurch schon ziemlich *verkalkt*. Denn auch das in der Kaufmannssprache des 16. Jahrhunderts aus lateinisch *calculare* (berechnen) entlehnte Verb *kalkulieren* geht schließlich auf *calx* zurück, und zwar über die Verkleinerungsform *calculus* (Kalksteinchen, Steinchen, Rechenstein, Rechnung, Berechnung), von der das Verb *calculare* abgeleitet ist.

Kamin

Älteste belegte Form: 13. Jahrhundert.

Wie so viele Wörter des Bauwesens ist auch *Kamin* (althochdeutsch *kémin*) aus dem Lateinischen entlehnt worden. Das entsprechende lateinische *caminus* (Feuerstätte, Herd, Kamin) geht seinerseits aber auf das griechische *káminos* (Schmelz-, Bratofen) zurück.

Kammer

Älteste belegte Form: 8. Jahrhundert.

Das Wort *Kammer* (althochdeutsch *kamara*) geht auf lateinisch *camera* (gewölbte Decke, Zimmer mit gewölbter Decke) zurück, das seinerseits entlehnt ist aus griechisch *kamárā*.

Übrigens: Im 17. Jahrhundert war für ein optisches Gerät, das ein auf dem Kopf stehendes Bild eines realen Gegenstandes liefert, der Begriff *camera obscura* (dunkle Kammer) eingeführt worden. Dieser ist dann im 19. Jahrhundert zum Fachbegriff *Kamera* (Fotoapparat) gekürzt worden (nach dem lichtundurchlässigen Raum im Innern des Geräts).

Auch *Kamerad* als der Zimmergenosse hat über französisch *camerade* (Gefährte, Kumpel), das von italienisch *camerata* (Kammergemeinschaft, Stubengenosse) bzw. spanisch *camarada* (Gefährte, Kumpel) entlehnt ist, letztlich in lateinisch *camera* seinen Ausgangspunkt. *Kumpan/Kumpel* geht dagegen über französisch *compain* und spätlateinisch *companio* auf lateinisch *con-* (mit-, zusammen-) und *panis* (Brot) zurück.

Kampf, kämpfen, Kämpe

Älteste belegte Form: 11. Jahrhundert.

«Wir wolln euch *kämpfen* sehn. Wir wolln euch *kämpfen* sehn. Wir wolln euch *kämpfen, kämpfen* sehen.» Vermutet, wer so etwas skandiert, ernsthaft, dass sich dadurch auf dem Fußballfeld irgendwas ändert? Zumindest, was das Wort *Kampf* angeht, ist «vermuten» und «Feld» gar nicht so schlecht. Denn die Herkunft des Wortes *Kampf* ist zwar durchaus nicht völlig geklärt, aber man vermutet doch ganz stark, dass es über althochdeutsch *champf* auf lateinisch *campus* (Feld, Schlachtfeld) zu beziehen ist. Und auch der alte *Kämpe* (seit dem 18. Jahrhundert aus dem Niederdeutschen) gehört dann natürlich hierher.

Kanne

Älteste belegte Form: 11. Jahrhundert.

«Eins will ich hohl durch jede Röhre röhren: / Man kann doch keinen Stör verhören / und so die raren Störe stören, / nur weil sie Kröten, wie ich hör, verstören.» (Mackowiak 2011: 47) Aber man sollte auch vorsichtig damit sein, etwas zu laut durch eine Röhre zu röhren – sonst schaut man ungünstigenfalls hernach in dieselbe. Ein bisschen gewagt wäre zum Beispiel, laut zu verkünden, dass *Kanne* (althochdeutsch *kanna*) von mittellateinisch *canna* (Kanne) abgeleitet ist, von lateinisch *canna* (Schilf, Rohr, Röhre). Wenn das richtig wäre, ginge es noch weiter zu griechisch *kánna* (Röhrchen, Schilf) und noch viel weiter zu babylonisch-assyrisch *qanū* (Rohr) zurück, vergleiche sumerisch-akkadisch *gin* (Rohr). Die Bedeutung hätte sich dann vom Ausguss zum Gefäß hin gewandelt. Allerdings: *Kanne* könnte auch germanisch sein. Man weiß nicht wirklich, wer von wem entlehnt hat – die Germanen von den Römern oder vielleicht doch umgekehrt.

Kanzel, abkanzeln, Kanzlei, Kanzler, Kanzlerin

Älteste belegte Form: 9. Jahrhundert.

Um jemanden von oben herab *abkanzeln* zu können, braucht der *Abkanzler* ja erst einmal eine erhöhte Predigerplattform, eine *Kanzel*. Zugrunde liegt der Bezeichnung die Balustrade, die Schranken, die den Chor vom Mittelschiff der Kirche trennten; dort stand das Redepult. Denn das Substantiv *Kanzel* (althochdeutsch *kanzella*) wurde aus mittellateinisch/lateinisch *cancelli* (Gitter, Schranken) entlehnt. Das Wort gehört zu lateinisch *cancer* (Gitter, Schranke, Krebs), das sich wohl aus lateinisch *carcer* (Umzäunung, Kerker) entwickelt hat (↑ Kerker).

War man früher eigentlich umgänglicher? Jedenfalls wird die Ableitung von *Kanzel*, das Verb *abkanzeln*, erst seit dem 17./18. Jahrhundert verwendet.

Lateinisch/mittellateinisch *cancelli* liegt auch dem Substantiv *Kanzlei* (mittelhochdeutsch *kanzelīe*) zugrunde, das zunächst (ab dem 14. Jahrhundert) eine mit Schranken abgetrennte Dienststube bezeichnete und schließlich das Büro (vor allem bei Behörden und Anwälten). Der Leiter einer Kanzlei hieß seit dem 10. Jahrhundert *Kanzler* (mittelhochdeutsch *kanzelære*, althochdeutsch *kanzellāri*), aus spätlateinisch *cancellarius* (Amtsdiener). Das konnte auch ein hoher Amtsträger sein, woraus sich die Bezeichnung für den Regierungschef eines Staates entwickelte. *Kanzlerin*, also die weibliche Form, ist durchaus nicht erst durch Angela Merkel geläufig geworden, sondern es gab sie schon seit der ersten Hälfte des 17. Jahrhunderts, etwa als *kanzlerinne*, allerdings bis ins 20. Jahrhundert nur in der Bedeutung «Meisterin» oder «Beschützerin».

Kappe

Älteste belegte Form: 9. Jahrhundert.

In der Literatur liest man ja hier und da noch von ehrenwerten Menschen, die auch mal was auf die eigene *Kappe* nehmen. Das Substantiv *Kappe* (althochdeutsch *kappa, kapfa, gapfa* «Mantel mit Kapuze») wurde aus spätlateinisch *cappa* (Kapuzenmantel, Kopfbedeckung) entlehnt. Dazu kam im 16. Jahrhundert das Verb *verkappen* und im 17. Jahrhundert das aus dem Partizip II dieses Verbs gebildete Adjektiv *verkappt*. Das *Käppi* ([Soldaten-]Mütze), eine Verkleinerungsform, wurde im 19. Jahrhundert aus dem Schweizerischen übernommen.

Übrigens: Auf *cappa* zurückzuführen sind auch die Fremdwörter *Kapuze, Kapelle* und *Kaplan*. *Kapuze* ist im 15. Jahrhundert aus italienisch *cappuccio* (Kapuze) entlehnt worden. *Kapelle*, das kleine Gotteshaus, hat mit Sankt Martin zu tun. Die fränkischen Könige verehrten nämlich den Mantel (*cappa*) des heiligen Martin von Tours als Reliquie in einem Bethaus (*oratorium*), das nach dem Mantel *capella* genannt wurde. Das hat sich dann seit dem 7. Jahrhundert für jedes kleinere Gotteshaus durchgesetzt. Die andere *Kapelle*, die musikalische, ist nach ersterer benannt. Sie wurde im 16. Jahrhundert aus italienisch *capella* (Musikertruppe) entlehnt. Zunächst ging es um Musiker, die in Kapellen spielten, später nannte man auch andere so. Und *Kaplan* schließlich, mittellateinisch *capellanus*, ist dann halt der Geistliche, der den Gottesdienst in seiner Kapelle zelebriert.

Kappes ↑ Kohl

Kapsel

Älteste belegte Form: 15. Jahrhundert.

Der alte Fußballer denkt bei *Kapsel* vielleicht vornehmlich an die *Gelenkkapsel* und an «kaputt» oder «Aua!», die Mitarbeiter im Kontrollzentrum in Houston eher an die *Raumkapsel* – völlig losgelöst von der Erde. Wir verwenden *Kapsel* heute für alle möglichen engeren Behältnisse. Das Substantiv *Kapsel* wurde aus mittellateinisch *capsella* / lateinisch *capsula* (Kästchen, Schatulle) entlehnt, der Verkleinerungsform von lateinisch *capsa* (Behälter), die beide zu *capere* (nehmen, ergreifen, enthalten) gehören. In einer älteren Entlehnung war *capsella/capsula* althochdeutsch gleich zur Verkleinerungsform *kapsilīn* umgebildet worden.

Übrigens: Auch das Substantiv *Kasse*, das im 16. Jahrhundert wie so viele Termini des Bankwesens aus dem Italienischen entlehnt wurde, geht über italienisch *cassa* (Behälter, Geldaufbewahrungsort, Zahlungsraum, -schalter) letztlich auf *capsa* zurück – ebenso wie *Chassis* von französisch *chassis* (Fassung, Rahmen).

Karre(n), karren

Älteste belegte Form: 10. Jahrhundert.

Schade für alle anderen: Aber die *Karre* aus dem Dreck ziehen kann man tatsächlich nur im Niederländischen und im Deutschen – in anderen Sprachen ist nämlich ein wie *Karre* abgeleitetes Wort schlicht nicht vorhanden. Dabei wurde das Substantiv *Karre(n)* (althochdeutsch *karro, karra*) aus mittellateinisch *carra* bzw. lateinisch *carrus* (Vierradwagen, Karren) entlehnt, das seinerseits auf gallisch *karros* zurückgeht. Gallisch *karros* und lateinisch *cur-*

rus (Wagen), zum Verb *currere* (laufen, eilen), sind indogermanisch verwandt.

Übrigens: Letztlich auf gallisch *karros* bzw. mittellateinisch *carra* und lateinisch *carrus* zurück gehen auch die Fremdwörter *Charge, Karosse/Karosserie, Karriere* und *Karikatur.* Bis auf das letzte Wort wurden sie alle aus dem Französischen entlehnt, und zwar *Charge* im 17. Jahrhundert aus *charge* (eigentlich: Last, übertragen: die Last eines Amtes), abgeleitet vom Verb *charger* (beladen), das auf vulgärlateinisch *carricare* (beladen) zurückgeht, *Karosse* ebenso im 17. Jahrhundert aus *carrosse,* das auf italienisch *carrozza* zurückgeht, *Karosserie* im 20. Jahrhundert aus *carroserie* und *Karriere* im 18. Jahrhundert aus *carrière* (Rennbahn, Laufbahn), das (wohl über altprovenzalisch *carriera* [Fahrweg]) auf spätlateinisch *(via) carraria* (Straße, Fahrweg) zurückzuführen ist.

Dagegen ist *Karikatur* als Terminus technicus der Malerei im 18. Jahrhundert aus italienisch *caricatura* (eigentlich: Überbeladung, übertragen: komisch verzerrte Darstellung) entlehnt worden, zu italienisch *caricare* (laden, komisch verzerrt darstellen) – daraus enstand im 19. Jahrhundert deutsch *karikieren.*

Karzer ↑ Kerker, Karzer

Käse

Älteste belegte Form: 9. Jahrhundert.

Käse kann schon was sehr, sehr Leckeres sein. Der Logiker zöge ein *Käsebrötchen* ja sogar dem absoluten Glück vor. Denn: Nichts ist besser als das absolute Glück. Aber: Ein *Käsebrötchen* ist besser als nichts. Sprachgeschichtlich abzuleiten ist das Wort *Käse* (althochdeutsch *chāsi, kāsi*) von lateinisch *caseus* (Käse). Denn die Germanen kannten wohl nur den Weichkäse (*caesus mollis*), während sie das Know-how, wie man einen festen *Labkäse* hinkriegt, den Römern abschauten. Zu beziehen ist *caseus* (eigentlich: das sauer Gewordene) auf das Verb *coacescere* (sauer werden).

Übrigens: Ein Rezept für einen Käse-Fisch-Auflauf findet sich bei Apicius: «Coques ex oleo, exossabis, et cerebella cocta, pulpas piscium, iocuscula pullorum, ova dura, *caesum* mollem excaldatum, haec omnia calefacies in patella. Teres piper, ligusticum, origanum, rutae bacam, vinum, mulsum, oleum, patella ad lentum ignem ut coquantur. Ovis crudis obligabis, adordinabis, cuminum minutum asparges et inferes.» (Apicius 1997: 54–57) (Koche ihn [einen beliebigen Seefisch] in Öl und befreie ihn von Gräten. Und dazu gekochte Hirnchen, Tintenfische, Hühnerleber, hart gekochte Eier, weichen, leicht angekochten *Käse*. Das alles erhitze in einer Auflaufform. Stoße Pfeffer, Liebstöckel, Oregano, Rautenbeeren, Wein, Weinmet und Öl, [stelle] die Auflaufform auf eine kleine Flamme, sodass es kocht. Binde [alles] mit rohen Eiern, richte an und streu gemahlenen Kümmel darauf und serviere.)

kasteien

Älteste belegte Form: 8. Jahrhundert.

Mit dem römischen Christentum hat sich auch ungemein rasch das kirchensprachliche, nicht gerade extrem lebensbejahende Verb *kasteien* (mittelhochdeutsch *kestigen*, althochdeutsch *kestigōn*) breitgemacht. Es wurde aus mittellateinisch/kirchenlateinisch/lateinisch *castigare* (zurechtweisen, rügen, züchtigen) entlehnt. Das Verb gehört zum Adjektiv *castus* (anständig, keusch), das wiederum zu dem Verb *carere* (ohne etwas sein, nicht haben, entbehren) gehört. Die neuhochdeutsche Form des Wortes hat sich, durch die Schriften Martin Luthers verbreitet, aus mitteldeutsch *kastīgen* entwickelt.

Übrigens: Auf *castus* zurück geht auch das im 18. Jahrhundert über französisch *caste* aus portugiesisch *casta* entlehnte Fremdwort *Kaste* für die abgeschlossenen Stände Indiens. *Casta* meinte wahrscheinlich zunächst die Abgrenzung von Iberern und Mauren, wurde dann von Kolonialisten auf die indischen Verhältnisse bezogen und wird heutzutage häufig für nahezu jede sich isolierende bzw. isolierte Gesellschaftsschicht verwendet. Auch der *Inzest* schließt sich zwanglos an. Die Bezeichnung für den Geschlechtsverkehr zwischen engsten Blutsverwandten wurde im 19. Jahrhundert aus der Verneinung von *castus* gebildet, von *incestus* (unkeusch, blutschänderisch).

kaufen

Älteste belegte Form: 9. Jahrhundert.

Wer sich verraten und *verkauft* fühlt, ist deshalb mit seinem Latein noch lange nicht am Ende. Denn das Verb *kaufen* (althochdeutsch *koufōn*) ist vielleicht schon übers Germanische aus dem Lateinischen ins Deutsche gelangt. Die alten Germanen schlugen sich nämlich eigentlich schon seit etwa Christi Geburt mit dem römischen *caupo* (althochdeutsch *koufo*) herum, dem Schankwirt bzw. Krämer. Eventuell wurde *kaufen* aber auch erst später aus dem von *caupo* abgeleiteten Verb *cauponari* erzeugt, das so viel heißt wie «mit etwas schachern, feilschen». Auch das Pendant zu *kaufen*, das Verb *verkaufen*, hat sich schon im Althochdeutschen etabliert: *firkoufen*.

Kelch

Älteste belegte Form: 8. Jahrhundert.

Offensichtlich ist der *Kelch* nicht an uns vorübergegangen, vielmehr wurde das Substantiv (althochdeutsch *kelich*) schon früh wie andere Termini des Weinbaus aus dem Lateinischen entlehnt, und zwar aus lateinisch *calix* (Becher, Weinkelch, Schüssel). Dass das lateinische *calix* verwandt ist mit griechisch *kýlix* (Trinkschale, Becher) und *kályx* (Fruchtkapsel, Blumenkelch, Blütenknospe), spielt insofern eine Rolle, als dass unter dem Einfluss von Letzterem das Substantiv *Kelch* im 17. Jahrhundert die übertragene botanische Bedeutung «Blütenkelch» hinzugewann.

Keller, Kellner, Zelle

Älteste belegte Form: 8. Jahrhundert.

Schon die alten Germanen hätten, wenn ihnen danach gewesen wäre, durchaus zum Lachen in den *Keller* gehen können. Denn das Substantiv *Keller* (althochdeutsch *kellari*) ist zu den zahlreichen bautechnischen Lehnwörtern aus dem Lateinischen zu zählen, die bereits im Germanischen aus dem Lateinischen entlehnt worden sind. Zugrunde liegt spätlateinisch *cellarium* (Speisekammer, Vorratskammer), das wiederum zu lateinisch *cella* (Vorrats-, Wohnkammer) gehört.

Ein ganz besonderer *Keller* war schon immer der *Weinkeller*. Und wer hier zu sagen hatte, der hieß in althochdeutscher Zeit *kelnāri*, wohl eine Entlehnung aus spätlateinisch *cellarius* (Kellermeister), das natürlich auf lateinisch *cella* zurückgeht. Aus *kelnāri* hat sich über mittelhochdeutsch *kelnaere* unter entsprechender Bedeutungsverschiebung im 18. Jahrhundert unser heutiger *Kellner* herausgebildet (der aber nicht mehr so viel zu sagen hat).

Auch das Wort *Zelle* geht auf lateinisch *cella* zurück, wurde aber erst in althochdeutscher Zeit entlehnt (als das lateinische *-c-* vor *-e-*, *-i-* schon wie [ts] gesprochen wurde). Zunächst hieß es nur so viel wie «Wohnraum eines Mönchs, Klause». Im Mittelhochdeutschen erweiterte sich die Bedeutung dann auf «Kammer, Zelle». Seit dem 14. Jahrhundert wird auch die *Bienenzelle* mit *Zelle* bezeichnet, seit dem 18. Jahrhundert die *Gefängniszelle*, und als biologisches Fachwort wird *Zelle* seit der ersten Hälfte des 19. Jahrhunderts verwendet. Mit den letzten beiden Bedeutungen spielt Heinz Erhardt, wenn er reimt: «Das Leben kommt auf alle Fälle / aus einer *Zelle*. / Doch manchmal endet's auch – bei Strolchen! – / in einer solchen.» (Erhardt 1974: 274)

Übrigens: Das lateinische Substantiv *cella* hat mit dem Verb *celare* (verbergen, verhehlen) zu tun und das wiederum mit dem Verb *occulere* (verdecken, verbergen), dessen Partizip II *occultum* (versteckt, verborgen) schließlich im 18. oder 19. Jahrhundert zu unserem Adjektiv *okkult* geworden ist.

Kelter

Älteste belegte Form: 9. Jahrhundert.

So sind wir Menschen: Auch das Beste treten wir noch mit Füßen, etwa die köstlichen Trauben, aus denen edler Wein werden soll. In älteren Zeiten wurde ja der Wein vor dem Pressen mit den Füßen zerstampft (in abgelegeneren Gegenden ist dies auch heute noch so). Und das spiegelt sich in gewisser – natürlich versteckter – Weise in den Wörtern *Kelter* (Traubenpresse) und *keltern* wider.

Dem Substantiv *Kelter* (mittelhochdeutsch *kelter*, althochdeutsch *kalkatūra/kelcterre*) liegt das lateinische *calcatura* (das Stampfen) zugrunde, das auf lateinisch *calcare* (mit der Ferse / dem Fuß treten/stampfen) zu beziehen ist und dieses wiederum auf *calx*, Genitiv: *calcis* (Ferse, Fuß).

Übrigens: Wer hier unwillkürlich an den italienischen Fußball denken muss, liegt natürlich auch nicht verkehrt.

Kerbel

Älteste belegte Form: 12. Jahrhundert.

Die Bezeichnung des Gewürzkrautes *Kerbel* (mittelhochdeutsch *kervel(e)*, althochdeutsch *kervola, kervila, kerbele*) wurde entlehnt aus spätlateinisch *cerefolium*, zu lateinisch *caerefolium* (Kerbel), das auf griechisch **chairéphyllon* (Kerbel, liebliches, angenehmes Blatt) zurückgeht.

Kerker, Karzer

Älteste belegte Form: *Kerker* 8. Jahrhundert, *Karzer* 14. Jahrhundert.

Das Substantiv *Kerker* (mittelhochdeutsch *karkære, kerker*, althochdeutsch *karkāri*) wurde früh aus lateinisch *carcer* (Umzäunung, Schranken, Kerker) entlehnt wie auch das Substantiv *Karzer* ([Hoch-]Schulgefängnis), das im 14. Jahrhundert in der Universitäts- und Schulsprache aufkam. (↑ Kanzel, abkanzeln, Kanzlei, Kanzler, Kanzlerin)

Kerze

Älteste belegte Form: 8. Jahrhundert.

Eine *Kerze* erleuchtet, aber die Herkunft des Wortes selbst liegt im Dunkeln. Da man *Kerzen* aus spiralförmig gewickelter und mit Wachs getränkter Birkenrinde herstellte und Birkenrinde auch als Schreibmaterial verwendet wurde, ist das Substantiv *Kerze* (althochdeutsch *kerza*, zu althochdeutsch *karz[a]* «Docht, Werg») vielleicht aus lateinisch *charta* (Papyrusblatt, Schreibmaterial) entlehnt. Das Substantiv *charta* gehört zum Verb *cerare* (wachsen, mit

Wachs überziehen) und das wiederum zu *cera* (Wachs). Auch eine Entlehnung aus *candela cerata* (Wachslicht) wird erwogen. Sicher ist da aber nichts, nicht einmal die lateinische Herkunft.

Kessel

Älteste belegte Form: 9. Jahrhundert.

Ob es nur ein *Kessel* Buntes sein mag oder eher ein *Hexenkessel* oder ob man gar ein zünftiges *Kesseltreiben* veranstalten will: Ohne das Substantiv *Kessel* (mittelhochdeutsch *keʒʒel*, althochdeutsch *keʒʒil*, gemeingermanisch **katila-*) läuft da gar nichts. Wie praktisch, dass die alten Germanen das Wort schon sehr früh aus lateinisch *catinus* (Napf, Tiegel, Schmelztiegel, Schüssel) bzw. aus der Verkleinerungsform *catillus* (Schüsselchen, Tellerchen) entlehnt haben.

Kette

Älteste belegte Form: 9. Jahrhundert.

Es ist wenig sinnvoll, jemanden in *Ketten* zu legen, der alle *Ketten* sprengt oder gar *Kette* raucht. In diesen Worten thematisieren können wir das, weil das Substantiv *Kette* (mittelhochdeutsch *keten[e]*, althochdeutsch *ketin[n]a*) rechtzeitig bzw. recht zeitig aus vulgärlateinisch *cadena* bzw. lateinisch *catena* (Kette) entlehnt wurde.

keusch

Älteste belegte Form: 8. Jahrhundert.

Der Weg des Adjektivs *keusch* (mittelhochdeutsch *kiusche*, althochdeutsch *kūski*) ins Deutsche lässt sich nicht mehr ganz genau zurückverfolgen. Es könnte sein, dass er im Rahmen der frühmittelalterlichen Christianisierung in die gotische Kirchensprache führt, und zwar zum Adjektiv **kuskeis* (der christlichen Lehre bewusst), das wiederum aus lateinisch *conscius* (mitwissend, eingeweiht, bewusst) entlehnt ist. Dieses gehört zum Verb *conscire* (sich bewusst sein), aus *con-* (= *cum* [mit, zusammen]) und *scire* (wissen, in Erfahrung gebracht haben, verstehen). Es könnte aber auch sein, dass *keusch* direkt aus *conscius* entlehnt wurde. Die Bedeutungen «tugendhaft, sittsam, enthaltsam, rein» entwickelten sich erst im Laufe der Zeit.

Kipf, Kipfe(r)l

Älteste belegte Form: 13. Jahrhundert.

Der *Kipf* (mittelhochdeutsch *kipf[e]*, althochdeutsch *kipf[a]*) ist nach seiner Form benannt, genauer: nach dem Teil einer Karre / eines Wagens, an dem die Deichsel befestigt ist. Das Wort ist aus lateinisch *cippus* (Spitzsäule aus Stein, Grabstein, Grenzstein, Pfahl) entlehnt worden. Dazu ist österreichisch-schweizerisch *Kipfe(r)l* (Hörnchen) eine Verkleinerungsform.

Kirmes ↑ Messe, Kirmes

Kirsche

Älteste belegte Form: 11. Jahrhundert.

Dass mit den Germanen nicht immer gut *Kirschen* essen war, kann fast als Gemeinplatz der alten Römer gelten. Dabei hatten die germanischen Stämme den Obstbau und veredelte Obstsorten überhaupt erst durch die Römer kennengelernt. Sie entlehnten das Wort *Kirsche* aus dem Lateinischen. Im Althochdeutschen noch *kirsa*, geht das Wort auf vulgärlateinisch *cerasia, ceresia* (Kirsche) zurück, was wiederum zu lateinisch *cerasus* (Kirschbaum, Kirsche) bzw. *cerasum* (Kirsche) gehört. Das Wort hatten die Römer selbst schon aus dem Griechischen entlehnt, von *kérasos* (Süßkirschbaum) bzw. *kerásion* (Süßkirsche), und die Griechen wiederum hatten es wohl aus einer anderen, wahrscheinlich kleinasiatischen Sprache. Aus welcher, weiß man nicht.

Kiste

Älteste belegte Form: 12. Jahrhundert.

Dass etwas überhaupt nicht in die *Kiste* komme, hätten im Grunde auch schon die alten Griechen konstatieren können. Denn das Wort *Kiste* (althochdeutsch *kista*), das aus lateinisch *cista* (Kiste, Kasten) entlehnt wurde, hatten die Römer dereinst von den Griechen ausgeliehen, und zwar von griechisch *kístē* (Korb, Kiste).

klammheimlich

Älteste belegte Form: 19. Jahrhundert.

Die Älteren unter uns können sich vielleicht noch erinnern: Berühmt – oder doch eher: berüchtigt – wurde das Adjektiv *klammheimlich* wohl kurz vor dem Deutschen Herbst 1977. Damals erschien ein Artikel, der mit dem Pseudonym «Mescalero» gezeichnet war (dem Namen des Apachenstamms, dem Karl May auch Winnetou zugeordnet hatte) und der eigentlich als schroffe Absage an Gewalt als Mittel der politischen Auseinandersetzung gedacht war. Der sich als Stadtindianer bezeichnende Autor äußerte darin, dass er zunächst und vorschnell eine «*klammheimliche* Freude» über die Ermordung des Generalbundesanwalts Siegfried Buback empfunden habe. «*Klammheimliche* Freude» war dann für etliche Jahre ein geflügeltes Wort – in welchem Sinne auch immer eingesetzt.

So wahnsinnig lateinisch will einem *klammheimlich* freilich gar nicht erscheinen. Und der Bestandteil «heimlich» ist es sicher auch nicht. Bei *klamm* allerdings spricht einiges dafür, dass es nicht auf das deutsche Wort «klamm», sondern eher auf lateinisch *clam* zurückzuführen ist, das auch nichts wesentlich anderes bedeutet als «heimlich». Das Adverb *clam* hat mit dem Verb *celare* (verhehlen, verheimlichen) zu tun und tritt gern auch in der Wendung *clam et palam* (insgeheim wie vor aller Augen) auf (↑ Keller). Wir hätten es bei *klammheimlich* dann also mit einer semantischen Reduplikation zu tun, einem Stilmittel der Wortbildung, das der Bedeutungsverstärkung dient. Die Bildung ist erst seit Ende des 19. Jahrhunderts bezeugt, mithin recht neu. Sie hat ihren Ursprung wohl in Nordostdeutschland und wird auch gern der Studenten- bzw. Schülersprache zugerechnet. Absolut sicher sind sich die Etymologen allerdings nicht, was den lateinischen Ursprung von *klamm* in *klammheimlich* angeht.

klar, klären

Älteste belegte Form: 12. Jahrhundert.

«Der Niederrheiner an sich ist zu allem unfähig: Er weiß nix, kann aber alles *erklären*» (Hanns Dieter Hüsch). Dass der Niederrheiner alles *erklären* kann, ist eigentlich *klar*, war es doch am Niederrhein, wo aus dem lateinischen Adjektiv *clarus, -a, -um* (schallend, hell, klar, deutlich, berühmt), vielleicht unter französischem Einfluss, das deutsche *klar* (mittelhochdeutsch *klār, clār*) wurde. Das Adjektiv *clarus, -a, -um* hängt mit den Verben *calare* (aus-, zusammenrufen) und *clamare* (schreien, laut rufen) zusammen und es steckt auch in *clarigare* = *clare agere* (laut fordern). Über die angenommene indoeuropäische Wurzel **kle-* (schreien) ist es mit dem deutschen Adjektiv *hell* verwandt, das übrigens zunächst auch auf akustische Empfindungen bezogen war und erst später auf optische und geistige Bereiche übertragen wurde.

Übrigens: Zu *clarus* gehören die Fremdwörter *deklarieren* (15. Jahrhundert) von *declarare* (deutlich kundgeben, offenbaren), *deklamieren* (16. Jahrhundert) von *declamare* (laut aufsagen) und das zunächst für die Rechtssprache im 17. Jahrhundert entlehnte Verb *reklamieren* von *reclamare* (dagegenschreien).

Außerdem sind hier das aus dem Französischen stammende Fremdwort *Reklame* und die aus dem Italienischen stammende *Klarinette* zu nennen: Das französische *réclame* ist der Druckersprache zuzurechnen und war die Bezeichnung für den am Ende einer Seite als Gedächtnishilfe zu findenden Hinweis auf das erste Wort der nächsten Seite. Wörtlich ist es als das «Ins-Gedächtnis-Rufen» zu verstehen. Im 19. Jahrhundert taucht es zunächst als «honorierte Buchbesprechung» auf, erst später gewinnt es die heute übliche Bedeutung. Das Wort *Klarinette* ist im Deutschen seit dem 18. Jahrhundert heimisch und geht auf die italienische Verkleinerungsform *clarinetto* (das kleine hell Tönende) zurück.

Klause

Älteste belegte Form: 8. Jahrhundert.

Das Substantiv *Klause* (mittelhochdeutsch *klūse*, althochdeutsch *klūsa*) wurde entlehnt aus mittellateinisch *clusa* (umschlossener, umhegter Raum, Klosterzelle). Dieses gehört zu lateinisch *claudere* (schließen, zusperren, [mit einem Nagel/Riegel] verschließen, abschließen) – Partizip II: *clausum, clusum* – und hängt mit lateinisch *clavus* (Nagel, Pflock) und lateinisch *clavis* (Schlüssel) zusammen. (↑ Kloster)

Übrigens: Auf *claudere* gehen zahlreiche Fremdwörter zurück wie *inklusive* (16. Jahrhundert) von mittellateinisch *inclusivus, -a, um*, zu *includere*, aus *in* (in, hinein) und *claudere*, oder *exklusive* (19. Jahrhundert) von englisch *exclusive*, abgeleitet von mittellateinisch *exclusivus*, zu *excludere*, aus *ex* (aus, heraus) und *claudere*. Aus lateinisch *clausula* (Schluss[-Satz]) abgeleitet ist *Klausel* (14. Jahrhundert) und aus spätlateinisch *clausura* (Verschluss, Schloss, Einsperrung) *Klausur* (15. Jahrhundert).

Auf *clavis* in der mittellateinischen Bedeutung «Taste» geht über französisch *cle(f)* (Schlüssel) und *clavier* (Tastenbrett, Schlüsselring) die Bezeichnung des Tasteninstruments *Klavier* (16. Jahrhundert) zurück. Auch das Fremdwort *Clou* (20. Jahrhundert) weist über französisch *clou* (Nagel) auf *clavis* zurück wie auch *Enklave* (im 19. Jahrhundert aus dem Französischen) und *Exklave* (im 20. Jahrhundert analog gebildet).

Aber auch das Lehnwort *Schleuse* wollen wir nicht unterschlagen, das seit dem 16. Jahrhundert im Hochdeutschen – und schon seit dem 13. Jahrhundert im Mittelniederdeutschen (*slūse*) – bezeugt ist. Über gleichbedeutend niederländisch *sluis* (mittelniederländisch *sluse, sluyse*) und altfranzösisch *escluse* (französisch: *écluse*) weist es auf mittellateinisch *exclusa, sclusa* (Schleuse, Wehr) zurück, zu lateinisch *excludere*. Im weiteren Sinn gehört auch *Klosett* hierher, das über englisch *water-closet* und altfranzösisch *closet*, eine Verkleinerungsform von französisch *clos* (Gehege), zu lateinisch *clausum* (Abgeschlossenes) zurückführt, dem substantivierten Partizip II von *claudere*.

Kloster

Älteste belegte Form: 10. Jahrhundert.

Das Substantiv *Kloster* (althochdeutsch *klōstar*) wurde aus kirchenlateinisch/lateinisch *claustrum* bzw. vulgärlateinisch *clostrum* (Verschluss, Mönchszelle) entlehnt, zu lateinisch *claudere* ([ver] schließen). (↑ Klause)

Koch, kochen, Küche

Älteste belegte Form: 9. Jahrhundert.

Wer auch nur mit Wasser *kocht, kocht* aber doch irgendwie zumindest *à la romaine*. Denn mit den verfeinerten römischen Sitten ist auch eine Art *Kochkunst* ins deutsche Sprachgebiet gelangt und hatte im Schlepptau eine ganze Reihe von Wörtern rund um Küche und Lebensmittel. Dazu zählt auch das Verb *kochen* selbst (althochdeutsch *kohōn*), das über vulgärlateinisch *cocere* aus lateinisch *coquere* (sieden, kochen, backen) entlehnt wurde. Natürlich ist das Substantiv *Koch* ebenfalls lateinischen Ursprungs. Das Wort geht über spätlateinisch *coco* auf lateinisch *coquus* (Koch) zurück. Und auch die *Küche* ist letztlich auf das Verb *coquere* zurückzuführen. Das Wort findet sich schon im 9. Jahrhundert und ist aus spätlateinisch *coquina* (Kochraum), vulgärlateinisch *cocina* entlehnt.

Übrigens: Ein berühmter bis berüchtigter römischer Vertreter der Zunft der *Köche* war der oben schon zitierte (↑ Käse) Marcus Gavius Apicius (um Christi Geburt), von Plinius auch bezeichnet als «ad omne luxus ingenium natus» (zu jeder Befähigung zum Luxus geboren) und «nepotum omnium altissimus gurges» (der größte Prasser aller Verschwender). Ihm wird (vielleicht zu Unrecht) das *Kochbuch* «Libri decem qui dicuntur de re *coquinaria*» zugeschrieben, in dem man etwa folgende Zutaten für eine Sauce zum Aal (ius in anguilla) findet: «piper, ligusticum, apii semen, anethum, rus Syriacum, careotam, mel, acetum, liquamen, oleum, sinape et defritum» (Apicius 1997: 162 f.) (Pfeffer, Liebstöckel, Selleriesamen, Dill, syrischer Sumach, Datteln, Honig, Essig, Fischbrühe, Öl, Senf und eingekochter Most [eventuell gemeint: eingedickter Feigensirup]). Der italienische Humanist Lorenzo Valla (1407–1457) hielt seinem Humanistenkollegen Gia Francesco Poggio Bracciolini (1380–1459) vor, er habe sein Latein bei einem *Koch* gelernt und zerschlage das grammatisch richtige Latein wie dieser Töpfe. Damit war dann zwar nicht das Wort, aber doch der Begriff vom *Küchenlatein* (Latinitas in *culinis* nata) in der Welt.

Kohl

Älteste belegte Form: 8. Jahrhundert.

«*Kohl* is *Kappes*», so verhohnepipelten einst politische Gegner Kanzler Helmut Kohl – gleichzeitig frech und tautologisch. Aber war das nicht auch widersprüchlich, wenn sie ihn gleichzeitig mit «Birne» titulierten? Wie auch immer der Pfälzer Einheitskanzler botanisch einzuordnen sein mag, ganz sicher zumindest ist *Kohl* (wie auch sein westdeutsches Pendant *Kappes*) lateinischen Ursprungs. Wie für so viele Kulturpflanzen eigneten sich unsere Altvorderen mit der neuen Pflanze auch deren Bezeichnung von den Römern an. Dafür bediente man sich schlicht des lateinischen Wortes für «Strunk, Stängel», nämlich *caulis*. Über die althochdeutschen *kōl, kōli, chōlo* und die mittelhochdeutschen *kōl* und *koel(e)* wurde es schließlich zu *Kohl*.

Dagegen lässt sich der rheinische/westdeutsche *Kappes* über mittelhochdeutsch *kabeȝ* und althochdeutsch *kabuȝ* bis zu mittellateinisch *caputia* (Kohlkopf, Weißkohl) zurückverfolgen, dem wiederum das lateinische *caput* (Kopf) zugrunde liegt. Während man *Kohl* pflanzen, kochen, riechen (sehr leicht!) oder essen kann, kann man *Kappes* darüber hinaus auch reden. Und wenn jemand dann auch noch etwas (oder jemanden, wie das Eingangsbeispiel zeigt) als *Kappes* bezeichnet, ist das meist weder botanisch noch kulinarisch gemeint, sondern schon bös.

Koller, Kohldampf

Älteste belegte Form: 10. Jahrhundert.

So ein Wutausbruch oder Tobsuchtsanfall macht ja ungemein hässlich – und in der Form *Koller* (mittelhochdeutsch *kolre* «Wut», althochdeutsch *kolero, koloro* «Zorn, Gallenbrechruhr») schon seit dem 10. Jahrhundert. Entlehnt wurde das Substantiv

Koller aus mittellateinisch *cholera* (galliges Temperament, Wutausbruch, Gallenbrechdurchfall), das auf spätlateinisch *cholera* (Gallenbrechdurchfall) zurückgeht. Das spätlateinische Wort wiederum gehört zu griechisch *choléra*, das abgeleitet ist von griechisch *cholḗ* (Galle).

Ob auch das Wort *Kohldampf* hierher gehört, ist strittig. Es hat sich seit dem Ende des 19. Jahrhunderts aus der Soldatensprache heraus allgemein verbreitet und kommt aus dem Rotwelschen. Dort bedeuten sowohl «Dampf» als auch *Kohler, Kol(l)er* «Hunger», wobei unklar bleibt, ob *Kohler, Kol(l)er* identisch ist mit *Koller* (Wut). Jedenfalls ist die Zusammensetzung – wie nicht selten im Rotwelschen – stark tautologisch.

Übrigens: Auch das Fremdwort *Cholera* ist schon ab dem 10. Jahrhundert mit der Bedeutung «Gallenbrechruhr» geläufig. Die Bedeutungsverschiebung von «Gallenbrechruhr» auf die Seuche hat wohl mit der Ähnlichkeit der Krankheitssymptome zu tun. Griechisch *cholḗ* steckt auch in *Melancholie* (mittelhochdeutsch *melancolie, melancolei* «Schwarzgalligkeit»). Das Fremdwort wurde schon im 14. Jahrhundert aus lateinisch *melancholia* entlehnt, das wiederum auf griechisch *melag-cholía* zurückgeht, zu griechisch *mélās* (schwarz) und eben *cholḗ*. (Man meinte in alten Zeiten, dass Schwermut entstehe, wenn verbrannte schwarze Galle ins Blut gerate.) Aus mittellateinisch *cholericus* wurde Ende des 15. Jahrhunderts das Adjektiv *cholerisch* entlehnt, und zwar zunächst mit der Bedeutung «an Cholera erkrankt». Nach und nach entwickelte sich dann die heutige Verwendung.

Kopf

Älteste belegte Form: 8. Jahrhundert.

Ein *Wasserkopf* war im Althochdeutschen noch etwas ganz anderes als heute: *Kopf* bedeutete nämlich ursprünglich «Becher, Trinkschale». Es geht wohl (vergleiche auch englisch *cup*) auf spätlateinisch *cuppa* (Becher) zurück, zu lateinisch *cupa* (Fass, Tonne, Bottich). Im Mittelhochdeutschen wird erstmals der Körperteil, das Haupt, so genannt – vermittelt über die bildliche Vorstellung einer «Hirnschale». Ob in dieser Schale denn auch wirklich Hirn ist, wird in beleidigender Absicht auch gern einmal bezweifelt: Wer nur Stroh im *Kopf* hat, befürchtet nichts mehr als einen Geistesblitz. Heute hat sich *Kopf* (althochdeutsch *kupf, kopf*) weitgehend gegen das Erbwort «Haupt» durchgesetzt. (↑ Kübel)

Übrigens: Eine ähnliche Art der Übertragung gibt es im Französischen, und zwar von lateinisch «testa» (Platte, [Ton-]Schale) zu französisch «tête» (Kopf).

Korb

Älteste belegte Form: 9. Jahrhundert.

Und nun geben wir Ihnen auch noch einen *Korb* (mittelhochdeutsch *korp*, althochdeutsch *korb, korf*), und zwar einen, der wahrscheinlich/vielleicht direkt aus lateinisch *corbis* entlehnt worden ist.

Körper

Älteste belegte Form: 13. Jahrhundert.

Im Althochdeutschen hieß der *Körper* noch «līh», im Mittelhochdeutschen «līch», was nur noch als «Leiche» bis heute bewahrt blieb. Ansonsten wurde die Bezeichnung ab dem 13. Jahrhundert nach und nach durch das Substantiv *Körper* (mittelhochdeutsch *korper, körper*, frühneuhochdeutsch auch *körpel*) ersetzt. *Körper* ist aus lateinisch *corpus* (Körper, Leib, Masse, Gesamtheit, Körperschaft) entlehnt.

Übrigens: Zum Ursprungswort *corpus* gehören auch die Fremdwörter *Korpus, korpulent/Korpulenz, Korps, Korporation/korporiert* und *Korsett*. Die wenig angepasste Form *Korpus* wird für allerlei verwendet, etwa für die Christusfigur am Kruzifix, bei Möbeln für den tragenden Bestandteil ohne bewegliche Teile wie Türen, Böden, Schubfächer usw., für den Klangkörper besonders eines Saiteninstruments, für eine Belegsammlung von Texten oder Schriften (zum Beispiel aus dem Mittelalter oder der Antike) und für vieles mehr.

Das Adjektiv *korpulent* wurde im 17. Jahrhundert aus lateinisch *corpulens/corpulentus* (dick, fett) entlehnt und das Substantiv *Korpulenz* im 18. Jahrhundert aus lateinisch *corpulentia* (Beleibtheit, Körperlichkeit, Leibesbeschaffenheit).

Korps (Truppenverband) ist über französisch *corps* (Körper[schaft], Abteilung) ins Deutsche gelangt wie auch *Korporation/korporiert.* Den Weg aus dem Französischen ist schließlich auch das *Korsett* gegangen. Seit dem 18. Jahrhundert hat *Korsett,* eine Verkleinerungsform von altfranzösisch *cors* (so ähnlich wie «Leib» und «Leibchen»), das heimische «Mieder» in den Hintergrund gedrängt.

kosen

Älteste belegte Form: 8. Jahrhundert.

«Man sollte nicht mit jedem *kosen.* / Eins kommt ziemlich schlecht: / Wo der Bär tollt, brecht / mir bitte keine roten Rosen.» (Mackowiak 2011: 46) Dass ausgerechnet so etwas Zärtliches wie *kosen* seinen Ursprung in der papiernen Rechtssprache haben soll, lässt schon stutzen. Aber dazu bedurfte es auch einiger Schlenker. Schon früh wurde aus lateinisch *causa* (Anlass, Motiv, Grund, [Rechts-]Angelegenheit) das althochdeutsche *kosa* (Rechtsangelegenheit) entlehnt, und davon wurde dann das Verb *kōsōn* (verhandeln, besprechen, erzählen, plaudern) abgeleitet. In dieser Bedeutung wird auch noch das mittelhochdeutsche *kosen* verwendet. Allerdings kam die Zusammensetzung *liepkōsen* hinzu, die sich hielt, während das einfache *kosen* im 15./16. Jahrhundert aus der Mode kam – bis schließlich das Verb *kosen* im 18. Jahrhundert wieder auftauchte, und zwar als Verkürzung von *liebkosen* im Sinne von «zärtlich sein, streicheln».

Kost

Älteste belegte Form: 13. Jahrhundert.

Dass *Kost* zu *kosten* im Sinne von «schmecken, genießen» gehört, liegt auf der Hand, ist aber falsch. Auch *Kost* geht wie *Kosten* auf mittelhochdeutsch *kost(e)* (Aufwand [an oder für Nahrung, Speise, Futter], Ausgaben, Wert, Preis) zurück. (↑ Kosten, kosten)

Kosten, kosten

Älteste belegte Form: 13. Jahrhundert.

Als solides Substantiv und Pluraletantum sollten *Kosten* ja eigentlich nicht steigerbar sein, aber die Wirklichkeit belehrt uns da eines Besseren: Egal, wie hoch *Kosten* auch sein mögen, die Höhe ist anscheinend immer steigerbar. Während das Verb *kosten* etwa ab 1200 am Mittelrhein aus altfranzösisch *coster, couster* entlehnt wurde, ist das Substantiv *Kosten* (mittelhochdeutsch *kost[e]* «Wert, Preis, Geldmittel, Aufwand, Ausgaben») wahrscheinlich direkt aus mittellateinisch *costa* (Aufwand an Geldmitteln, Wert, Preis) entlehnt. Seit dem 18. Jahrhundert wird der Singular *der kost, die koste* nach und nach durch den heute allein geltenden Plural *Kosten* verdrängt. Vulgärlateinisch *costare* ist abgeleitetet von lateinisch *constare* (dastehen, beruhen auf, kosten), aus *con-* (mit-, zusammen-) und *stare* (stehen). Ableitungen und Zusammensetzungen sind: *kostbar* (mittelhochdeutsch *kostbære*, eigentlich: «hohe Kosten verursachend»), *kostspielig* (18. Jahrhundert, darin wirkt vielleicht mittelhochdeutsch *spildec* «verschwenderisch» weiter, das dann unter dem Einfluss von *spielen* umgedeutet worden wäre), *köstlich* (mittelhochdeutsch *kost[e]lich*, eigentlich: «viel kostend») und *Unkosten* (16. Jahrhundert, eigentlich: «missliche, unnötige Kosten»). (↑ Kost)

krass

Älteste belegte Form: 18. Jahrhundert.

Für manchen vielleicht tröstlich: Auch das Kiezdeutsch (bzw. die Jugendsprache) ist nicht völlig frei von Bildungsgut lateinischer Provenienz. Das gilt zum Beispiel für das Adjektiv *krass*: «Voll *krass*, ey: Latein.» Das Adjektiv *krass* wurde im 18. Jahrhundert aus lateinisch *crassus, -a, -um* (dick, fett, barsch, grob) entlehnt.

Krawall

Älteste belegte Form: 16. Jahrhundert.

Während *Randale* (kontaminiert aus mundartlich *Rand* [Possen] und griechisch *skandalon*, vermittelt über kirchenlateinisch *scandalum*) nicht so sehr viel mit dem Lateinischen zu tun hat, sieht das bei *Krawall* schon etwas anders – wenn auch durchaus undurchsichtig – aus. Aufgekommen ist das Wort *Krawall* während der politischen Unruhen von 1830 und 1848. Es ist wohl auf das ältere Verb (16. Jahrhundert) *cravallen* (lärmen) zu beziehen. Dies ist entlehnt aus mittellateinisch *charavallium* (Katzenmusik, Straßenlärm) und verweist vielleicht ins Griechische. Zu vergleichen wäre es dann mit *Charivari* (Durcheinander, Katzenmusik, Uhrkette[nanhänger]), das über französisch *charivari* und spätlateinisch *caribaria* auf griechisch *karēbaría* (Kopfschwere, Kopfschmerz) zurückgeht.

Kreide

Älteste belegte Form: 10. Jahrhundert.

Auch dafür, dass wir jemandem oder auch uns selbst etwas *ankreiden* können, stehen wir mal wieder bei den Römern in der *Kreide*. Denn das Substantiv *Kreide* (mittelhochdeutsch *krīde*, spätalthochdeutsch *krīda*) ist über vulgärlateinisch *creda* aus lateinisch *creta* (Kreide) entlehnt worden. Das Substantiv *creta* ist vielleicht aus *terra creta* (gesiebte Erde) entstanden, mit dem als «gesiebt» übersetzten Partizip II *cretus, -a, um* des Verbs *cernere* ([unter-]scheiden, erkennen). Allerdings wird *cretus, -a, -um* auch als Adjektiv zu *Creta/Crete* (Kreta) gedeutet und *terra creta* dann als kretische Erde. Wirklich wissen tut man es nicht.

Kreuz, kreuzen, kreuzigen, Kreuzer

Älteste belegte Form: 8. Jahrhundert.

Das Substantiv *Kreuz* (mittelhochdeutsch *kriuz[e]*, althochdeutsch *krūzi*) wurde im Rahmen der Christianisierung aus lateinisch *crux* (Kreuz, Marterholz zum Anpfählen, Hängen, Spießen oder Kreuzigen) entlehnt. Es wurde ursprünglich nur in der Bedeutung «Kreuz Christi» gebraucht und verdrängte allmählich das bis dahin für das Kreuz Christi verwendete heimische Wort

«Galgen». Schließlich benutzte man *Kreuz* auch für Nachbildungen des Kreuzes Christi. Und das Wort gewann etliche Bedeutungen hinzu: zum Beispiel die als grafisches Zeichen, als schwere Bürde, als Musikzeichen, als Bezeichnung für das Kreuzbein / die Wirbelsäule / das Rückgrat usw. Es wurde Bestandteil etlicher Redewendungen: «zu *Kreuze* kriechen», «sein *Kreuz* tragen / auf sich nehmen», «mit jemandem über *Kreuz* sein» usw. und generierte etliche Ableitungen wie *kreuzigen*, *kreuzen*, *Kreuzer* (Münze oder Schiff).

Krone

Älteste belegte Form: 8. Jahrhundert.

Wenn jemandem kein Zacken aus der *Krone* fällt, setzt das ja irgendwie schon Zacken voraus. Die aber gab es erst einmal gar nicht: Denn mit griechisch *korṓnē* (Gekrümmtes, Gebogenes, Ring), das zu *korōnós* (gekrümmt) gehört, war neben allerlei Gebogenem zunächst der aus Pflanzlichem (sehr beliebt: ↑ Lorbeer) geflochtene Siegerkranz gemeint und erst danach die metallene Krone als Symbol des Herrschers. In diesen Bedeutungen wurde lateinisch *corona* (Kranz, Kranzleiste) aus dem Griechischen entlehnt und von da schließlich ins Germanische (althochdeutsch *korōna*).

Übrigens: Lateinisch *corona* hat neben dem Lehnwort *Krone* auch noch die Fremdwörter *Korona* (Hof um die Sonne, geselliger Kreis, Glimmentladung) und – setzt das nicht der Etymologie die *Krone* auf? – *Corona* (Coronavirus, Coronaviruserkrankung) hervorgebracht.

Kruste

Älteste belegte Form: 9. Jahrhundert.

Das Substantiv *Kruste* (althochdeutsch *krusta*) ist aus lateinisch *crusta* (Rinde) entlehnt worden. Im Lateinischen war ursprünglich verkrustetes Blut gemeint, denn *crusta* gehört zu lateinisch *cruor* (das rohe dicke Blut) – im Gegensatz zu *sanguis* (das fließende lebenserhaltende Blut).

Übrigens: Verwandt mit *crusta* und *cruor* ist auch das lateinische Adjektiv *crudus, -a, -um* (roh), dem wir unser Fremdwort *krude* verdanken, das wohl erst im 19. Jahrhundert entlehnt worden ist.

Kübel

Älteste belegte Form: 10. Jahrhundert.

Ein *Kübel* ist nun wirklich kein Schnapsglas. Gleichwohl ist das Substantiv *Kübel* (althochdeutsch *kubilo*) von etwas entlehnt, was durchaus Kleineres bezeichnete, nämlich von mittellateinisch *cupellus* (kleines Trinkgefäß). Das ist die Verkleinerungsform zu lateinisch *cupa* (Fass, Tonne, Bottich) – und da sind wir wieder bei einem größeren Gefäß. (↑ Kopf)

Küche ↑ Koch, kochen, Küche

Kümmel

Älteste belegte Form: 9. Jahrhundert.

Die Bezeichnung *Kümmel* für die Pflanze und das Gewürz ist über mittelhochdeutsch *kümel* und althochdeutsch *kumil, kumīn* aus lateinisch *cuminum* (Kümmel) entlehnt. Das wiederum stammt von griechisch *kýmīnon* (Kümmel). Vermutet wird ein semitischer Ursprung.

Kummer

Älteste belegte Form: 13. Jahrhundert.

Wir sind ja *Kummer* gewöhnt, allerdings noch nicht so wahnsinnig lange. Denn erst im Mittelhochdeutschen wurde *kumber*, aus dem sich unser Substantiv *Kummer* entwickelt hat, wohl aus mittellateinisch *cumbrus/combrus* (Enge, Sperre, Wehr) entlehnt. Bemerkenswert allerdings, in welch unterschiedlichen Bedeutungen mittelhochdeutsch *kumber* verwendet wurde, etwa als «Schutt, Müll», was man noch gut mit dem gallolateinischen *comboros* (Zusammengetragenes) vereinbaren kann, das mittellateinisch *cumbrus/combrus* zugrunde liegt. *Kumber* wurde aber im juristischen Sprachgebrauch auch in der Bedeutung «Beschlagnahme, Verhaftung» eingesetzt – und schließlich auch in der uns eher vertrauten Bedeutung von «Belastung, Mühsal, Not, Gram». Bei der letzten Bedeutung hat wohl auch die Bedeutungsentwicklung im Französischen Pate gestanden, vergleiche altfranzösisch *encombrier* (Beschwerde, Unglück).

kungeln, Kungelei, Kunkel

Älteste belegte Form: 10. Jahrhundert.

Ob unter Amigos in Bayern oder im kölschen Klüngel: *Gekungelt* wird überall und auf Teufel komm raus. Das Verb *kungeln* (Erstbeleg: 19. Jahrhundert) ist wahrscheinlich auf das (heute nicht mehr so geläufige) *Kunkel* (Spinnrocken, Spindel) zu beziehen, im Sinne von «beim Spinnen heimlich bereden». Entlehnt ist das Substantiv *Kunkel* (althochdeutsch *konacla, klonacla, kuncula*) aus vulgärlateinisch *conucula* (Spinnrocken).

Übrigens: Auch wenn *Klüngel* ohne Kungeln gar nicht geht, sind die beiden Wörter nicht miteinander verwandt. Der *Klüngel* ist eigentlich ein *Knäuel*, denn er geht über mittelhochdeutsch *klungelīn* auf althochdeutsch *klungilīn* zurück, eine Verkleinerung zu althochdeutsch *klunga* (Knäuel). Heute wird *Klüngel* übertragen im Sinne von «Clique, Sippschaft, Seilschaft» gebraucht, was sich im 19. Jahrhundert von Köln aus verbreitete.

Kupfer

Älteste belegte Form: 9. Jahrhundert.

Die östliche Mittelmeerinsel *Zypern* hat nicht nur eine irre lange und vielfältige Geschichte, die auch von vielen alten Sprachen und Schriften (etwa der *kyprischen*, dem Linear A der kretischen Minoer oder der *kyprominoischen*) geprägt ist, sondern war und ist auch ein wichtiger *Kupferlieferant*. Fast kein Wunder also, dass der Name der Insel (griechisch *Kýpros*, lateinisch *Cyprus*) in der Bezeichnung des Metalls *Kupfer* aufgehoben ist. Denn *Kupfer* (althochdeutsch *kupfar*) ist aus spätlateinisch *cuprum* entlehnt, zu lateinisch *aes cyprium* (zyprisches Erz) bzw. *cyprum* (Kupfer).

Kürbis

Älteste belegte Form: 9. Jahrhundert.

Ob einem nun der eigene *Kürbis* qualmt (zu viel Latein?) oder ob man das Gemüse aus dem Garten erntet: Das Wort *Kürbis* kommt über mittelhochdeutsch *kürbiz*, althochdeutsch *kurbiz*, vulgärlateinisch **curbita* letztlich von lateinisch *(cu)curbita* (Kürbis).

Kurve

Älteste belegte Form: 18. Jahrhundert.

Sowohl die *Kurve*, die man noch so gerade kriegt, als auch die, die man halt nicht mehr gekriegt hat, kommt aus dem Lateinischen. Entlehnt hat man *Kurve* im 18. Jahrhundert zunächst als rein geometrischen Terminus und zunächst in der Schreibung *Curve* aus lateinisch *linea curva* (gebogene Linie). *Kurve* geht also auf ein substantiviertes Adjektiv zurück.

kurz

Älteste belegte Form: 9. Jahrhundert.

Um es *kurz* zu machen: Das Adjektiv *kurz* (althochdeutsch *kurz, kurt*) wurde aus lateinisch *curtus, -a, -um* (verkürzt, verstümmelt) entlehnt.

Küster

Älteste belegte Form: 10. Jahrhundert.

Das Substantiv *Küster* geht über mittelhochdeutsch *kuster* und althochdeutsch *kustor* – und vielleicht über altfranzösisch *coustre* – auf mittellateinisch *custor* (Wächter, Hüter) zurück. Mittellateinisch *custor* gehört zu lateinisch *custos* (Wächter, Aufseher).

Übrigens: Natürlich reiht sich hier auch *Kustos* bzw. *Kustodin* ein, der/die wissenschaftliche Sachbearbeiter/-in in einem Museum.

L

laben

Älteste belegte Form: 9. Jahrhundert.

Es spricht viel dafür, dass *laben* (althochdeutsch *labōn*) auf lateinisch *lavare* (waschen, baden, befeuchten) zurückgeht. Zunächst wurde das Verb nur in der Bedeutung «sich mit Flüssigkeit benetzten, sich durch Tränkung erfrischen, waschen» verwendet.

Übrigens: Auch das Fremdwort *Latrine* geht letztlich auf *lavare* zurück. Das Substantiv wurde im 16. Jahrhundert aus lateinisch *latrina* (Waschraum, Abort) entlehnt, zusammengezogen aus **lavatrina*. Ebenfalls zu *lavare* gehört das aus italienisch *lavendola* entlehnte Substantiv *Lavendel*. Das italienische Substantiv ist – nach der Verwendung als Badezusatz – zu beziehen auf *lavanda* (das dem Waschen Dienliche), zum italienischen Verb *lavare* (waschen, baden).

Lache

Älteste belegte Form: 9. Jahrhundert.

Was die Herkunft angeht, ist die *Lache* eine trübe. Denn klar ist nicht, ob man für *Lache* (althochdeutsch *lahha*) einen germanischen oder einen lateinischen Ursprung annehmen soll. Für eine Herkunft von der indogermanischen Wurzel **leg-* (tröpfeln, sickern) wie in *leck, lecken, Leck* spricht die Dehnstufe des nordischen Wortes. Für eine alte Entlehnung aus lateinisch *lacus* (Trog, Teich, See) spricht die beachtliche Entsprechung in der Bedeutung.

Übrigens: Die mittelniederdeutsche Variante *lake* ist in der Bedeutung «Salzbrühe» über den Handel mit Seefisch als *Lake* ins Hochdeutsche gelangt. Englisch *lake* und französisch *lac* gehen sicher auf das Lateinische zurück, ebenso die *Lagune*, die aus italienisch *laguna* entlehnt ist. Zugrunde liegt hier lateinisch *lacuna* (Vertiefung, Grube, Loch, Lache, Weiher), das dann wiederum zu *lacus* gehört.

Lärche

Älteste belegte Form: 11. Jahrhundert.

Auch *Lärche* (mittelhochdeutsch *larche, lerche*, althochdeutsch *lerihha, lerihboum*) hat einen lateinischen Ursprung, nämlich gleichbedeutend *larix*. Eine Herkunft aus einer Sprache des Alpengebiets scheint denkbar.

Laterne

Älteste belegte Form: 13. Jahrhundert.

Einen langen Weg, räumlich wie zeitlich, müsste sich die *Laterne* selbst heimleuchten, bis sie dieses Heim erreicht hätte: das antike Griechenland. Ins Deutsche wurde *Laterne* (mittelhochdeutsch *la[n]tern[e]*) aus lateinisch *lanterna* übernommen. Die Römer haben das Wort wohl bei den Etruskern aufgeschnappt, die es wiederum von den Griechen hatten: griechisch *lamptḗr* (Leuchter), das auf das Verb *lámpein* (leuchten) zu beziehen ist.

Übrigens: Das Substantiv *Lampe* geht auf (alt)französich *lampe* zurück, aus vulgärlateinisch *lampada* (Leuchte, Fackel), zu lateinisch *lampas*. Und das ist wieder von griechisch *lámpein* entlehnt.

Lattich

Älteste belegte Form: 10. Jahrhundert.

Auch wenn das Wort eigentlich was anderes sagt: *Lattich* ist wirklich laktosefrei, obwohl *Lattich* über mittelhochdeutsch *lattech(e)* und althochdeutsch *lat(t)uh(h)a, lat(t)ich(ha)* von lateinisch *lactula* (Lattich, Kopfsalat) entlehnt ist, worin das lateinische Substantiv *lac* (Milch) steckt. Der *Lattich* ist also nach dem bisweilen austretenden milchigen Pflanzensaft benannt.

Laune

Älteste belegte Form: 13. Jahrhundert.

«Ob der Mond schon scheint oder seinen Mondschein schont» (Erhardt 1974: 223), fragen sich ja vor allem Menschen, die sich als in gewisser Weise vom Mond geleitet sehen. Und das scheinen seit je nicht wenige gewesen zu sein. Schon die mittelalterlichen Astrologen gingen davon aus, dass der Mond die Stimmung beeinflusst. So hat sich der Mond bereits im 13. Jahrhundert bis in das Wort *Laune* (mittelhochdeutsch *lūne* «Mondphase, Mondwechsel, Gemütsverfassung») durchgearbeitet – das heißt: natürlich nicht der Mond, sondern seine lateinische Kollegin *luna* (Mond). Denn auf die geht unser Wort *Laune* in der Tat zurück. Sogar ein Verb gab es im Mittelhochdeutschen, das von *luna* abgeleitet war: *lūnen*. Daraus entstand *launen* (in wechselnder Stimmung sein). Dieses Verb ist mittlerweile verschwunden, geblieben ist uns davon nur das Partizip II *gelaunt*.

Leier

Älteste belegte Form: 9. Jahrhundert.

Es ist ja durchaus nicht immer dieselbe *Leier*, wenn von *Leier* die Rede ist: Es kann ein vier- oder siebenseitiges antikes Instrument gemeint sein oder auch eine *Drehleier*. Letztere war im Mittelalter meist gemeint. Entlehnt ist das Substantiv *Leier* (althochdeutsch *līra*, mittelhochdeutsch *līre*) aus lateinisch *lyra*, das wiederum auf griechisch *lýra* zurückgeht.

Liebstöckel

Älteste belegte Form: 10. Jahrhundert.

Liebstöckel ist weder lieb noch braucht es einen Stock. (Auch dass es wegen des Aromas Maggikraut genannt wird, führt auf die falsche Fährte, da im Maggigewürz gar kein *Liebstöckel* enthalten ist.) Vielmehr ist *Liebstöckel* (mittelhochdeutsch *liebstück, lübestecke*, althochdeutsch *lub[b]istecho, lubistuckil, lubistechal*) von mittellateinisch *levisticum, livisticum, lubisticum* (Liebstöckel) abgeleitet, das wiederum auf lateinisch *ligusticum* zurückgeht. Das aber heißt eigentlich «aus Ligurien stammend», ist jedoch auch wieder gelogen, denn die Pflanze stammt ursprünglich nicht aus der norditalienischen Landschaft, sondern wohl aus dem Iran und Afghanistan.

Lilie

Älteste belegte Form: 9. Jahrhundert.

Die Bezeichnung der Blütenpflanze *Lilie* (mittelhochdeutsch *lilje*, althochdeutsch *lilia*) wurde im Mittelalter aus lateinisch *lilia*, dem Plural von *lilium* (Lilie, lilienförmige Verschanzung), entlehnt. Dieses Substantiv stammt wahrscheinlich – wie unabhängig davon auch griechisch *leírion* – aus einer östlichen Mittelmeersprache, vielleicht von ägyptisch *ḥrr-t*, vergleiche hamitisch *ilili* (blume), berberisch *alili* (Oleander) oder albanisch *l'ule* (Blume).

Lorbeer

Älteste belegte Form: 9. Jahrhundert.

Man wäre ja wirklich im Dauerstress, hätte man nicht ein paar *Lorbeeren*, um sich darauf auszuruhen. Mit dem *Lorbeerkranz* zierte sich gern Apollo und zierten sich gern antike Dichter und Sieger. Das Bestimmungswort des Substantivs *Lorbeer* (mittelhochdeutsch *lōrber, lōrboum*, althochdeutsch *lōrber[i]*) ist aus lateinisch *laurus* (Lorbeer[baum]) abgeleitet, das wohl auf eine andere, unbekannte Sprache zurückgeht.

Löwe

Älteste belegte Form: 8. Jahrhundert.

Vielleicht bedarf auch ein *Partylöwe* gelegentlich eines *Löwenbändigers*, jedenfalls bedurfte die Bezeichnung der Großkatze *Löwe* (mittelhochdeutsch *lewe, leb[e], lew, leowe, leu*, althochdeutsch *lē[w]o*) einer Entlehnung aus lateinisch *leo* (Löwe), das wiederum aus griechisch *léōn* (Löwe) übernommen worden war. Aber dann ist man mit seinem Latein, Griechisch oder sonst was am Ende, denn weiter zurückverfolgen konnte man das Wort bisher nicht.

M

Maar

Älteste belegte Form: 20. Jahrhundert.

Während das Wort *Meer* mit dem lateinischen *mare* indogermanisch urverwandt ist, deutsch *Meer* also nicht auf lateinisch *mare* zurückgeht, ist das durch die *Eifelmaare* bekannte Wort *Maar* wohl über vulgärlateinisch/mittellateinisch *mara* (See, stehendes Gewässer) auf lateinisch *mare* (Meer) zurückzuführen. In geografischen Namen ist das Wort schon länger in Gebrauch.

Makel

Älteste belegte Form: 14. Jahrhundert.

«Wir sind gekommen, um zu bleiben – wie ein perfekter Fleck» (Wir sind Helden). Und genau das ist ein *Makel*: ein Fleck, egal wie perfekt. Und in dieser konkreten Bedeutung wurde das Wort *Makel* auch noch im Mittelhochdeutschen verwendet, bevor ihm dann die übertragene Bedeutung zuwuchs. Entlehnt ist das Wort aus lateinisch *macula* (Lücke, Loch, Masche, Fleck, Mal, Schandfleck).

Übrigens: Auch das Fremdwort aus der Druckersprache *Makulatur* (beschädigte Bogen, Fehldruck) geht auf das lateinische Substantiv *macula* zurück. Es wurde Anfang des 16. Jahrhunderts aus mittellateinisch *maculatura* (beschädigtes Stück) entlehnt, das zum lateinischen Verb *maculare* (beflecken, entehren) gehört, das wiederum auf *macula* zurückgeht.

Mandel

Älteste belegte Form: 11. Jahrhundert.

Die Bezeichnung für die Früchte des *Mandelbaumes* (althochdeutsch *mandala*) ist aus spätlateinisch *amandula*/*amyndala* (Mandel) entlehnt, einer Variante von lateinisch *amygdala*, vulgärlateinisch auch: *amiddula* (Mandel, Mandelbaum). Das lateinische Substantiv stammt wiederum von griechisch *amygdálē* ab. Die weitere Herkunft ist unsicher.

Mantel

Älteste belegte Form: 11. Jahrhundert.

Sankt Martins *Mantel* war ja als *cappa* bezeichnet worden und alles andere als ein *Mantel* des Schweigens, vielmehr nutzten die Frankenkönige ihn geschickt für ihre Public Relations (↑ Kappe). Die Bezeichnung des Kleidungsstückes *Mantel* (althochdeutsch *mantal, mantel, mantil*) dagegen ist aus vulgärlateinisch/lateinisch *mantulum/mantel(l)um* (Hülle, Decke) entlehnt, was zu lateinisch *mantum/mantus* (kurzer Mantel) gehört. Vermutet wird eine ibero-keltische Herkunft.

Mappe

Älteste belegte Form: 15. Jahrhundert.

Das Substantiv *Mappe* ist entlehnt aus lateinisch *mappa* (Vortuch, Serviette, Startflagge beim Wagenrennen). Als *mappa mundi* wurde es in der Bedeutung «Weltkarte» verwendet (eigentlich: Leinwand mit einer Karte der Erde) und so ins Deutsche übernommen. Erst im 18. Jahrhundert entwickelte sich die Bedeutung «Umschlag für Landkarten» und daraus schließlich die heutige Bedeutung. Quintilian wies darauf hin, dass die Punier das Wort für sich reklamierten: «Et mappam circo quoque usitatum nomen Poeni sibi vindicant» (Quintilianus 2016: 21). (Die auch auf der Rennbahn übliche Bezeichnung *mappa* schreiben sich die Punier zu [Übersetzung vom Verfasser].)

Markt

Älteste belegte Form: 12. Jahrhundert.

Man kann allerlei zu *Markte* tragen, um ein schönes Sümmchen zu machen, vielleicht aber lieber nicht die eigene Haut. Das Substantiv *Markt* (althochdeutsch *markāt*) ist aus lateinisch *mercatus* bzw. vulgärlateinisch **marcatus* (Handel, [Jahr-]Markt, Messe) entlehnt worden, das von lateinisch *mercari* (Handel treiben) abgeleitet ist. Dieses Verb stammt wiederum vom Substantiv *merx* (Ware) ab, das wiederum zu einem Verb, nämlich *merere/mereri* (verdienen, erwerben), gehört.

Übrigens: Letzlich auf *merx* ist auch eine Reihe von Fremdwörtern zurückzuführen, wie etwa *Kommerz, kommerziell* oder *Kommers* (19. Jahrhundert), und zwar über französisch *commerce* (Handel), das auf lateinisch *commercium* (Handel, Verkehr) zurückgeht.

Masse

Älteste belegte Form: 9. Jahrhundert.

Die Zweideutigkeit eines Ausdrucks wie «kritische *Masse*» deutet schon an, wie vielfältig das Substantiv *Masse* heute verwendet wird. Entlehnt wurde *Masse* (althochdeutsch *massa* «Klumpen, Haufen») aus lateinisch *massa* (zusammengeknetete Masse, Teig, Klumpen, Haufen). Das wiederum stammt von griechisch *mãza* (Brotteig, Klumpen) ab, das zum Verb *mássein* (kneten, pressen, drücken, streichen, wischen) gehört.

Übrigens: Griechisch *mássein* ist mit deutsch *machen* indogermanisch urverwandt. Zu lateinisch *massa* gehören auch die aus dem Französischen entlehnten Fremdwörter *massieren* (anhäufen, Truppen zusammenziehen), entlehnt im 20. Jahrhundert, *massiv* (schwer, fest, wuchtig), entlehnt im 17. Jahrhundert, und die substantivierte Form *Massiv* (Gebirgsstock), entlehnt im 19. Jahrhundert. (Damit nicht verwandt ist *massieren* [eine Massage machen], wohl zu arabisch *massa* [berühren].)

Matte

Älteste belegte Form: 11. Jahrhundert.

Mit ein paar Longdrinks in der *Hängematte* die Seele baumeln lassen: Auch das haben wir von den Römern. Na ja, die Longdrinks eigentlich nicht und auch nicht das Rumhängen und das Die-Seele-baumeln-Lassen, aber immerhin die *Matte*. Die wurde über althochdeutsch *matta* aus spätlateinisch *matta* (grobe geflochtene Stroh- oder Schilfmatte) entlehnt. Vermutet wird eine

Herkunft aus einer semitischen Sprache, vielleicht Phönizisch, vergleiche hebräisch *mittha(h)* (Lager, Bett).

Übrigens: Das Kompositum *Hängematte* (seit dem 17. Jahrhundert) hat, was seine Herkunft angeht, rein gar nichts mit dem Substantiv *Matte* zu tun – und auch nichts mit dem Verb *hängen*. Das ist so ähnlich wie beim Kompositum *Armbrust* (↑ Armbrust): Dieses hat nämlich auch nichts mit *Matte* und *hängen* zu tun (Scherz!). Das Substantiv *Hängematte* wurde vielmehr aus niederländisch *hangmat* (älter: *hangmak*) entlehnt und geht über französisch *hamac* und spanisch *hamaca* auf arawakisch *(h)amáca/hamáka* zurück (einst von den Taíno auf Haiti verwendet). Man hat halt das nicht verstandene fremde Wort nach Bekanntem umgedeutet und passend gemacht, obwohl man es im 16. Jahrhundert noch als *Hamaco/Hamach* verwendet hatte, also noch ziemlich nah am Original. Im Englischen blieb man bei *hammock*.

Mauer

Älteste belegte Form: 8. Jahrhundert.

Die Bezeichnung für den Lebensraum einer kleinen Wanze, das Substantiv *Mauer* (althochdeutsch *mūra*), wurde aus lateinisch *murus* (Mauer, Wall) bereits ins Germanische entlehnt. Aus dem lateinischen Maskulinum ist dann durch den Einfluss von *(die) Wand* ein Femininum geworden. Auch wer beim Skat sein Blatt nicht ausreizt oder sich beim Fußball im und am eigenen Strafraum verschanzt, der *mauert* (wenn auch nur im übertragenen Sinne). Diese Verwendung hat sich wohl entwickelt als Vermischung des wörtlichen, baulichen *Mauerns* mit rotwelsch *maure* (Furcht, Angst), von gleichbedeutend jiddisch *mora*.

Übrigens: Den Germanen war ursprünglich das Bauen mit Steinen und gebranntem Material völlig fremd. Sie lebten in Behausungen aus Flechtwerk, später auch in Holzhäusern. Das kann man an einigen Bezeichnungen des Bauwesens nachvollziehen: So gehört etwa «Wand» zu «winden» und heißt also eigentlich «Gewundenes, Geflochtenes». Auch heute noch werden im Fachwerkbau die Gefache mit Holzflechtwerk (zum Beispiel Weide) armiert, um der eigentlichen Füllung (zum Beispiel Lehm) Halt zu geben. Und das Wort «Zimmer» bedeutete ursprünglich «Bauholz» (so heute noch englisch *timber*).

Erst nachdem sich die Römer in West- und Südwestdeutschland festgesetzt hatten, lernten die Germanen urbane römische Bauweisen kennen und damit auch das Bauen mit Stein und Gebranntem. Mit den Bauweisen kamen die entsprechenden Wörter. Auf diese Weise reicherte sich das Deutsche mit einer ganzen Reihe von Lehnwörtern aus dem Baubereich an, etwa: *Estrich, Fenster, Kalk, Kammer, Keller, Mauer, Mörtel, Pfeiler, Pflaster, Pforte, Pfosten, tünchen* oder *Ziegel.*

Maulbeere

Älteste belegte Form: 10. Jahrhundert.

Die weiße, die schwarze und die rote *Maulbeere* kamen zwar ursprünglich nicht in Europa vor, wurden aber zum Teil schon früh in die wärmeren Gebiete des Kontinents importiert und dort auch kultiviert. So ist die Bezeichnung *Maulbeere* (mittelhochdeutsch *mūlber, *mūrber,* althochdeutsch *mūr-, mōrberi*) oder zumindest das Bestimmungswort althochdeutsch *mūr-, mōr-* aus lateinisch *morum* (Maulbeere, Brombeere) entlehnt worden. Lateinisch *morum* geht wiederum wohl auf griechisch *móron* (Maulbeere) zurück.

Maulesel, Maultier, Muli

Älteste belegte Form: 15. Jahrhundert.

Beim *Maulesel,* der Kreuzung aus einem männlichen Pferd und einem weiblichen Esel, gehen beide Bestandteile aufs Lateinische zurück, der eine über mittelhochdeutsch/althochdeutsch *mūl* auf lateinisch *mulus,* der andere auf *asellus* (↑ Esel). Das Substantiv *Maultier,* für die Kreuzung aus einem männlichen Esel und einem weiblichen Pferd, beschränkt seine lateinischen Ahnen auf das besagte *mulus,* wie auch das *Muli* (meist kurz für *Maultier*).

mausern

Älteste belegte Form: 9. Jahrhundert.

Auch das Verb *mausern* hat sich aus einem lateinischen zu einem stattlichen deutschen Verb *gemausert,* es ist quasi *mutiert. Mau-*

sern ist eine Weiterbildung des 19. Jahrhunderts zu dem im Neuhochdeutschen verschwundenen Verb *mausen* (althochdeutsch *[gi]mūʒōn*), das aus lateinisch *mutare* (von der Stelle bewegen, ändern, wechseln, verwandeln) entlehnt wurde, etwa *pennas mutare* (die Federn wechseln).

Übrigens: Das lateinische Verb ist breiter bekannt geworden über das Hauff-Märchen «Kalif Storch», in dem sich Chasid, der Kalif von Bagdad, und sein Großwesir Mansur in Störche verwandeln können, und zwar mithilfe der Zauberformel *mutabor* (ich werde verwandelt werden), der 1. Person Futur I Passiv Indikativ. Auch das Fremdwort *mutieren* geht, was so wahnsinnig überraschend nicht ist, auf *mutare* zurück und ist daraus im 14. Jahrhundert entstanden.

Meier

Älteste belegte Form: 11. Jahrhundert.

«Wie kommt der *Meier*, der kleine *Meier*, auf den großen Himalaja?» (Profes/Rotter/Stranski 1925) Wie der *Meier* da hingekommen ist, wird wohl nie geklärt werden, aber wo das Substantiv *Meier* (mittelhochdeutsch *mei[g]er*, althochdeutsch *meior, meiur, meiger*) herkommt, das lässt sich sagen. Es ist nämlich entlehnt aus lateinisch *maior* (größer), kurz für *maior domus* (der Größere des Hauses, Vorsteher der Dienerschaft, Hausvorsteher).

Meile, Meiler

Älteste belegte Form: 9. Jahrhundert.

Das riecht man ja sieben *Meilen* gegen den Wind, dass *Meile* was Lateinisches hat. Sie hat das im weitesten Sinne deutsche Sprachgebiet bereits früh erreicht. Da wurde *Meile* (mittelhochdeutsch *mīle*, althochdeutsch *mīla*) nämlich aus lateinisch *mil(l)ia* (römische Meile) entlehnt, das von *mille passuum* (tausend [der] Doppelschritte) abgeleitet ist. *Mille passuum* wurde häufig auch im Plural *milia passuum* verwendet, woraus sich dann das genannte Substantiv *milia* im Femininum Singular entwickelt hat. Der Bestandteil *passuum* ist der Genitiv Plural des Substantivs *passus* ([Doppel-]Schritt), das zum Verb *pandere* (auseinanderspreizen) gehört. Der Bestandteil *mille* (tausend) ist ein Zahlwort. Überraschender vielleicht, dass auch das Lehnwort *Meiler* seinen Ursprung in *mille* hat, nämlich in Tausenden von zum Verkohlen aufgeschichteten Holzscheiten. Im Frühneuhochdeutschen konnte zwar von Atommeilern – glücklicherweise – noch nicht die Rede sein, durchaus aber vom *mīler/meiler*. Das Substantiv geht wohl (auf welchem Weg auch immer) auf mittellateinisch *miliarium* (eine Stückzahl von tausend) zurück, das natürlich von *mille* abgeleitet ist.

Übrigens: Muss man noch eigens darauf hinweisen, dass auch die Fremdwörter *Mille, Promille, Millimeter, Million(är), Milliarde, Billion* usw. auf *mille* zurückgehen? Aber nun muss auch mal ein bisschen *Spaß* sein. Denn der gehört wie *passus* zu *pandere*, genauer zu *expandere* (auseinanderspannen, verbreiten), noch genauer zum entsprechenden Partizip II *expassus, -a, -um*. Daraus ist nämlich italienisch *spasso* (Zerstreuung, Zeitvertreib, Vergnügen) geworden, aus dem wiederum um 1600 das Substantiv *Spaß* entlehnt wurde. Zu *expandere* gehören selbstredend auch das Verb *expandieren* und der *Expander*.

Meister

Älteste belegte Form: 8. Jahrhundert.

Wir haben unseren *Meister* (althochdeutsch *meistar*) gefunden, und ja, er ist nicht vom Himmel gefallen. Vielmehr wurde das Substantiv *Meister* aus dem lateinischen Substantiv *magister* (Vorsteher, Leiter, Lehrer) entlehnt, wie zum Beispiel auch italienisch *maestro* und französisch *maître* (bzw. *maîtresse*). In *magister* steckt das Adverb *magis* (mehr), das zum Adjektiv *magnus, -a, -um* (groß) gehört.

Mergel

Älteste belegte Form: 11. Jahrhundert.

Wer die Niederlande mal ganz untypisch als wellige Hügellandschaft erleben möchte, kann dies ohne Weiteres im limburgischen *Mergelland* tun. Das Wort *Mergel* in *Mergelland* bezeichnet ein für diese Gegend typisches Ton-Kalk-Gestein. Die Stoffbezeichnung

Mergel (spätalthochdeutsch *mergil*) wurde aus mittellateinisch *margila* (Mergel) entlehnt, das sich aus lateinisch *marga* (Mergel) entwickelt hat. Und dieses wiederum soll aus dem Keltischen stammen (zumindest hat das schon Plinius behauptet).

Übrigens: Wenn der einst fruchtbare Gartenboden oder gar man selbst ganz *ausgemergelt* ist, ist das mindestens genauso unangebracht, wie das Verb *ausmergeln* auf *Mergel* zu beziehen. Vielmehr gehört es zum Substantiv *Mark* und heißt wörtlich so viel wie «das Mark entziehen». Ob die Bedeutung des seit dem 15. Jahrhundert belegten Verbs auch durch den lateinischen medizinischen Terminus technicus *marcor* (Morschheit, Mattigkeit, Trägheit) beeinflusst wurde, zum Verb *marcere* (entkräftet/matt/welk/träge sein), lässt sich nicht sicher sagen. Jedenfalls wurde *ausmergeln* später tatsächlich falsch auf *Mergel* bezogen.

Messe, Kirmes

Älteste belegte Form: 9. Jahrhundert.

Noch ist die letzte *Messe* nicht gelesen, da kümmern wir uns um die erste. Angefangen hat das Substantiv *Messe* (mittelhochdeutsch *misse, messe,* althochdeutsch *missa, messa*) mit einer Entlehnung aus kirchenlateinisch *missa* (liturgische Opferfeier, Messe). Das Wort gehört zum Partizip II *missum* des lateinischen Verbs *mittere* (gehen lassen, schicken, entlassen). Zugrunde liegt allerdings die kirchenlateinische Formel *ite, missa est* (geht, es ist Entlassung), mit lateinisch *missa* in der Bedeutung «Entlassung»: So wurden in alten Zeiten die Gläubigen, die nicht zum Abendmahl zugelassen waren, nach dem Gottesdienst entlassen.

Kirchenlateinisch *missa* wurde auch noch in der Bedeutung «Heiligenfest» (mit Messe) verwendet. Aus dem kirchlichen Festtag entwickelte sich häufig ein Jahrmarkt, und so gewann *Messe* im 14. Jahrhundert die Bedeutung «Jahrmarkt» (heute auch: «internationale Großausstellung»). Eine regional übliche Bezeichnung für solch einen Jahrmarkt ist *Kirmes,* das auf mittelhochdeutsch *kirmesse* (Kirchmesse) zurückgeht.

Übrigens: Das Substantiv *Kirche* ist aus spätgriechisch *kyrikón* (Gotteshaus) entlehnt, einer Vulgärform des 4. Jahrhunderts für älteres *kyriakón* (das zum Herrn Gehörige), zu griechisch *kýrios* (Herr).

Messe in der Bedeutung «Speiseraum der Schiffsoffiziere» wurde im 19. Jahrhundert aus englisch *mess* (ursprünglich: Mahlzeit) entlehnt. Dieses Wort wiederum geht auf französisch *mets* (Mahlzeit) zurück, aus lateinisch *missa* (zu *mittere*) in der spätlateinischen Bedeutung «aus der Küche Geschicktes, Essen, Speise».

Mes(s)ner

Älteste belegte Form: 9. Jahrhundert.

Der *Mesner* hat zwar praktisch auch mit der Messe zu tun, sprachlich aber gar nichts. Denn *Mesner* (spätalthochdeutsch *mesināri*) wurde aus mittellateinisch *mansionarius* (Haushüter, Kirchendiener) entlehnt. Das substantivierte Adjektiv *mansionarius, -a, -um* gehört zu lateinisch *mansio* (Bleibe, Unterkunft, Wohnung), das wiederum vom Verb *manere* (bleiben) abgeleitet ist.

metzeln

Älteste belegte Form: 15. Jahrhundert.

Das *Metzeln* mussten die alten Germanen nicht erst von den Römern lernen. Daher kann das aus mittellateinisch *macellare* (schlachten) entlehnte Verb *metzeln* zunächst auch nur in der Bedeutung «schlachten» nachgewiesen werden. Diese Bedeutung verschob sich ab dem 16. Jahrhundert hin zu der uns geläufigen «blutig niedermachen». Zu beziehen ist *macellare* auf lateinisch *macellum* (Fleisch-, Gemüsemarkt, Fleisch). Dieses Wort hatten die Römer selbst schon aus griechisch *mákellon* (Gehege, Gitter, Marktplatz) entlehnt, aber es weist noch weiter zurück, und zwar auf hebräisch *mikĕla* (Zaun, Hürde).

Metzger

Älteste belegte Form: 13. Jahrhundert.

Auch wenn der *Metzger* schon irgendwie metzelt, sind die beiden Wörter nicht verwandt. Im Vergleich zu «metzeln» taucht *Metz-*

ger (mittelhochdeutsch *metzjer, metzjære*) schon früher auf und geht wohl auf mittellateinisch *matiarius* (Fleischer, der Würste herstellt; Darmhändler) zurück, das wiederum zu lateinisch *matia, mattea* (Darm, Wurst, köstliche Speise, Leckerbissen) gehört. Diese Delikatesse hatten die Römer allerdings zuvor von den Griechen übernommen, nämlich von griechisch *mattýē* (Geknetetes, Leckerbissen).

Miete

Älteste belegte Form: 18. Jahrhundert.

Ein bisschen Latein ist ja oft schon die halbe Miete, die wir aber ausnahmsweise mal nicht aus dem Lateinischen entlehnt haben – aber halt, diese Miete nicht, jedoch eine andere durchaus, und zwar die *Miete*, die einen aufgeschütteten Haufen Erde, Sand, Heu, Holz etc. meint. Dieses Substantiv *Miete* gelangte aus dem Niederdeutschen ins Hochdeutsche und geht auf mittelniederdeutsch/mittelniederländisch *mīte* zurück, das wiederum wahrscheinlich schon früh aus lateinisch *meta* (Kegel- bzw. Pyramidenförmiges, Heuschober) entlehnt worden ist.

Minze

Älteste belegte Form: 9. Jahrhundert.

« ‹Man muss doch wirklich mal erwägen, / die Pfeffermünze auch zu prägen.› / ‹Was soll der Unsinn? Spinnse? / Das ist ein Kraut, heißt *Pfefferminze*. / Die zu prägen tut ja weh. / Denn sie prägt selbst: den Gout vom Tee.› » (Klaus Mackowiak) Die Bezeichnung der Pflanze und des Aromastoffes *Minze* (mittelhochdeutsch *minz[e]*, althochdeutsch *minza*) wurde aus lateinisch *menta* (Minze) entlehnt. Wie griechisch *mínthē* deutet das lateinische Wort wohl auf eine noch entferntere unbekannte Quelle. Eine verbreitete Minzart ist die *Pfefferminze* (↑ Pfeffer, Pfifferling).

mischen

Älteste belegte Form: 9. Jahrhundert.

Ohne die Römer wäre für uns heute *mischen* impossible. Denn über das Verb *mischen* (mittelhochdeutsch *mischen*, althochdeutsch *misken*) können wir nur verfügen, weil unsere Ahnen es einst aus lateinisch *miscere* (mischen, vermischen) entlehnt haben.

Übrigens: Auch die Fremdwörter *mixen* und *Mixer*, die wir im 20. Jahrhundert aus englisch *mixed* entlehnt haben, gehen über altfranzösisch *mixte* und lateinisch *mixtum*, das Partizip II des Verbs, auf *miscere* zurück.

Mohr

Älteste belegte Form: 8. Jahrhundert.

Ist es nun respektvolle Rede oder Political Correctness, dass die Bezeichnung *Mohr* nicht mehr sehr gebräuchlich ist? Entlehnt wurde das Substantiv *Mohr* (althochdeutsch *mōr*) jedenfalls schon früh aus lateinisch *Maurus* (Maure, mauretanisch). Allerdings setzte sich erst im 16. Jahrhundert die Bedeutung «Mensch mit schwarzer Hautfarbe» durch, vorher bedurfte es für diese Verwendung noch eines spezifizierenden Adjektivs, etwa mittelhochdeutsch: *swarzer mōr*.

mollig

Älteste belegte Form: 19. Jahrhundert.

Dass es zu *mollig* keine knallharte Etymologie gibt, passt ja irgendwie zum Wort. Vermutet wird, dass *mollig* eigentlich zu frühneuhochdeutsch *mollicht* (weich, locker) bzw. mittelhochdeutsch *molwic* gebildet ist, die zu althochdeutsch *molawēn* (verfaulen, weich werden) gehören, allerdings im 19. Jahrhundert in der Studentensprache auf das lateinische Adjektiv *mollis, -e* (biegsam, weich) bezogen wurde.

Übrigens: Vielleicht sind *mollicht* wie auch landschaftlich *molsch, mulsch* (weich, mürbe, faulig) mit lateinisch *mollis* indogermanisch urverwandt und gehören zu der Wortgruppe um *mahlen*. Aber ganz sicher auf das lateinische Adjektiv *mollis, -e* zurück geht das Fremdwort für das Tongeschlecht *Moll* (mittelhochdeutsch *bēmolle*). Das Wort ist abzuleiten von mittellateinisch *b molle*, das halt zu lateinisch *mollis* gehört. Und auch das Pendant *Dur* ist lateinischen Ursprungs. Zugrunde liegt das lateinische Adjektiv *durus, -a, -um* (hart). Zunächst unterschied man den Ganztonschritt *b durum* (auch *b quadratum*, heute h) von der Erniedrigung um einen Halbtonschritt *b molle* (auch *b rotundum*, heute b); *durum* (hart) und *mollis* (weich) beschrieben dabei das jeweilige Notenzeichen, das entweder eckig (*durum*) oder gerundet (*mollis*) notiert wurde. Dann übertrug man diese Bezeichnungen auf die Tonarten, die diese Töne enthielten, und mit der Entwicklung der Chromatik schließlich auf die Tongeschlechter.

Mönch

Älteste belegte Form: 8. Jahrhundert.

Klöster und Karpfen – aber auch Hirsche und Hohlziegel: Das sind die Metiers von *Mönchen*. Doch davon gleich noch mehr, zunächst einmal zur Herkunft: Das Substantiv *Mönch* (mittelhochdeutsch *mün(e)ch*, althochdeutsch *munih*) ist früh aus vulgärlateinisch **monicus* entlehnt worden, einer Nebenform von kirchenlateinisch *monachus* (Mönch). Das lateinische Substantiv *monachus* wiederum geht zurück auf griechisch *monachós* (einzeln lebend, Einsiedler, *Mönch*), abgeleitet von griechisch *mónos* (ein-, allein, einzig). (↑ Münster)

Übrigens: So ein *Mönch* ist sehr vielfältig einsetzbar. Er tut nicht nur in Klöstern seinen Dienst, sondern auch im Teich, in Wald und Flur und sogar auf dem Bau. Denn in diesen Bereichen kann das Wort *Mönch* mit ganz anderen Verwendungsweisen aufwarten: So ist in der Teichwirtschaft mit *Mönch* ein Bauteil gemeint, mit dem man den Wasserstand regulieren kann (ein auf dem Teichgrund aufstehender und über die oberste Wasserlinie hinausreichender Turm mit meist rechteckigem Grundriss). In der Jägersprache spricht man mit *Mönch* über einen Hirsch, der kein Geweih bekommt (Kahlhirsch). Und auf dem Bau beschreibt ein *Mönch* einen nach oben gewölbten Dachziegel, der über die Kanten zweier nach unten gewölbter Dachziegel (= Nonnen) gelegt wird.

Mörser, Mörtel

Älteste belegte Form: *Mörser* 9. Jahrhundert, *Mörtel* 11. Jahrhundert.

Ziemlich aufreibend muss ja der Alltag eines *Mörsers* sein. So ein wenig zerrieben wurde auch das lateinische Substantiv *mortarium* (Mörser), bis es über althochdeutsch *morsāri, morsāti* und mittelhochdeutsch *morsaere, morser* zu unserem *Mörser* wurde.
Eher aufgerieben ist dagegen der Inhalt des *Mörsers*, etwa der Kalk, den man zu *Mörtel* verarbeitete. So geht das Substantiv *Mörtel* (mittelhochdeutsch *mortel, morter*) auch auf dasselbe lateinische Wort zurück wie *Mörser*, nämlich auf *mortarium*.

Most, Senf

Älteste belegte Form: 9. Jahrhundert.

Ob der Bartel den *Most* schon bei den alten Römern geholt hat, ist nicht überliefert. Aber das Wort *Most* hat ganz sicher lateinische Ursprünge. Es ist schon im Germanischen geläufig und abgeleitet von *vinum mustum* (junger Wein), aus *vinum* (Wein) und *mustus* (jung).
Auch die standarddeutsche Variante von nordwestdeutsch *Mostert* und nordostdeutsch *Mostrich*, ihren *Senf* nämlich, haben die alten Römer uns schon recht früh dazugegeben. Mit *Senf* (mittelhochdeutsch *sen[e]f*, althochdeutsch *senef*) wurden zunächst ganz unterschiedliche Kulturpflanzen bezeichnet, die zu den Kreuzblütlern zählen, später dann die bekannte Gewürzzubereitung, welche die Germanen von den Römern übernommen hatten. *Senf* geht zwar auf lateinisch *sinapi* zurück. Das aber ist ursprünglich gar nicht lateinisch, sondern war von den Römern schon aus dem Griechischen übernommen worden und weist vielleicht sogar bis ins Ägyptische.

Übrigens: Auf *vinum mustus* ist über französisch *moût* (Most) sowie altfranzösisch *mostarde* französisch *moustarde* zurückzuführen, woraus dann *Mostert* und *Mostrich* entlehnt worden sind. Dabei wurde *moustarde* umgedeutet zu *Mosthard* – mit dem Namensbestandteil *-hard*, der dann schließlich durch einen anderen, nämlich *-rich*, ersetzt wurde.

Mühle

Älteste belegte Form: 10. Jahrhundert.

Gottes *Mühlen* mögen langsam *mahlen*, das Substantiv *Mühle* (mittelhochdeutsch *mül[e]*, althochdeutsch *mulin, mulī*) ist allerdings wohl schon in germanischer Zeit recht zügig aus spätlateinisch *molina* entlehnt worden, das zu lateinisch *molere* (mahlen) gehört, indogermanisch urverwandt mit *mahlen*. *Molina* und zunächst auch *Mühle* meinten das durch Wasserkraft angetriebene *Mahlwerk*, das den Germanen erst durch die Römer nahegebracht worden war. Das entlehnte Wort *Mühle* verdrängte nach und nach die alte germanische Bezeichnung für die mit der Hand betriebene *Mühle*, mittelhochdeutsch *kurn/kürn*, althochdeutsch *quirn(a)* (Mühlstein, Mühle). In die *Zwickmühle* (eigentlich: *Zwei-/Zwiemühle*) geraten konnte man allerdings erst viel später (älteste belegte Form: 15. Jahrhundert). Zugrunde liegt das *Mühlespiel*, in dem man die Konstellation herbeizuführen sucht, dass man durch denselben Zug mit dem Öffnen der einen *Mühle* eine andere schließt. (↑ Müller)

Müller

Älteste belegte Form: 11. Jahrhundert.

Da laut altem Volkslied das Wandern des *Müllers* Lust ist, darf es auch nicht verwundern, dass das Substantiv *Müller* (mittelhochdeutsch *müller, mülner, mülnære*, althochdeutsch *mulināri*) aus dem Lateinischen ins Deutsche gewandert ist. Entlehnt wurde es aus spätlateinisch *molinarius* (zur Mühle gehörig, Müller), das aus spätlateinisch *molina* (Wassermühle) gebildet ist und zu lateinisch *molere* (mahlen) gehört. (↑ Mühle)

Mumm

Älteste belegte Form: 19. Jahrhundert.

Mit ein bisschen *Mumm* findet man gleich zwei bis drei Etymologien für *Mumm*. In der aufs Lateinische verweisenden Lesart stammt *Mumm* aus der Studentensprache des zu Ende gehenden

19. Jahrhunderts, und zwar aus der Wendung «keinen *animum* haben», sodass *Mumm* auf den Akkusativ *animum* von lateinisch *animus* (Seele, Geist, Sinn, Verlangen, Mut) zurückginge. Eine andere Deutung verweist auf rotwelsch *mumm* (geistiges, körperliches Vermögen), was zu rotwelsch *mum(e)* (Geld, Schatz) zu stellen wäre und das wiederum zu *Mammon*. Das Fremdwort *Mammon* geht über kirchenlateinisch *mammona(s)* auf griechisch *mamōnā(s)* und schließlich auf aramäisch *mạmônạ* (Besitz, Habe) zurück.

Oder aber ist *Mumm* eine bloße Lautgebärde, die Entschlossenheit vermitteln soll? Das sind doch alles sehr schöne Beispiele für verwegene Expeditionen in das faszinierende Reich von Fabel und Vermutung.

Übrigens: Das Fremdwort *animieren* (ermuntern, in eine bestimmte Gestimmtheit versetzen) gehört nun aber ganz sicher zu *animus/anima*. Es wurde im 16. Jahrhundert aus französisch *animer* (beseelen, beleben) entlehnt. Das französische Verb geht auf lateinisch *animare* (Leben einhauchen, beseelen) zurück, das zu lateinisch *animus/anima* (Lebenshauch, Seele, Mut) gehört. Hier ebenso zu erwähnen ist das Adjektiv *animalisch*, das im 16. Jahrhundert zu lateinisch *animal* (Tier) neu gebildet wurde und natürlich auch zu *anima/animus* zu stellen ist.

Münster

Älteste belegte Form: 8. Jahrhundert.

Die Bezeichnung *Münster* für die Stifts-, Hauptkirche, den Dom (mittelhochdeutsch *munster, münster*, althochdeutsch *munist[i]ri* «Kloster») ist früh aus vulgärlateinisch **monisterium* entlehnt worden, einer Variante von kirchenlateinisch *monasterium* (Kloster). Zurück geht das Wort auf griechisch *monastḗrion* (Einsiedelei, Kloster), zu griechisch *monástēs* (Einsiedler). Das wiederum gehört zum Verb *monázein* (allein leben, sich absondern), das seinerseits auf griechisch *mónos* (ein-, allein, vereinzelt) verweist. In etlichen Fällen ist die Bezeichnung für das Kloster auf den Ort, die Stadt übergegangen – allein als *Münster/Munster* (wie bei den Orten/Städten im Münsterland, im Oberelsass, in Graubünden), in Zusammensetzungen als Grundwort wie in *Kornelimünster* (bei Aachen), *Beromünster* (im Kanton Luzern), *Maursmünster* (im Unterelsass), *Salmünster* (Bad Soden), *Kremsmünster* (an der Krems), *Neumünster* (Holstein) oder als Bestimmungswort wie in *Münstereifel* (Eifel) und *Münstermaifeld* (bei Koblenz). (↑ Mönch)

Münze

Älteste belegte Form: 9. Jahrhundert.

Wenn man etwas für bare *Münze* nimmt und es dann gar sofort mit gleicher *Münze* heimzahlen will, ist im übertragenen Sinn vom Geldstück die Rede. Gemeint sein kann aber auch gleich die ganze *Münzstätte*. Das Substantiv *Münze* (althochdeutsch *munizza*) wurde früh aus lateinisch *moneta* (Münzstätte, Münze) entlehnt. Zurück geht das lateinische Wort auf den Beinamen der römischen Göttin Juno *Moneta*, in deren Tempel die römische *Münzstätte* (*officina Monetae*) angesiedelt war. Die weitere Herkunft ist unklar. Georges bezieht den Beinamen auf das Verb *monere* (ermahnen), da Juno immer mal wieder mit guten Ratschlägen bei der Hand gewesen sei (Georges 1988: Bd. 2, 994). Das wird von Alois Walde und Johann Baptist Hofmann aufgrund der Wortbildung abgelehnt, stattdessen wird auf eine etruskische *gens Moneta* verwiesen, also auf einen Namen (Walde/Hofmann 2008: Bd. 2, 106 f.). Klar ist hier nichts.

Übrigens: Dass auch *Moneten*, seit dem 18. Jahrhundert in der Studentensprache bezeugt, hierhergehören, versteht sich wohl von selbst.

Murmel, Marmel

Älteste belegte Form: 9. Jahrhundert.

Auch wenn *Marmor*, Stein und Eisen bricht, muss *Marmor* hier doch erwähnt werden – und das, obgleich er unseren Aufnahmekriterien nicht entspricht, denn *Marmor* ist kein Lehnwort, sondern ein Fremdwort. Aber das Fremdwort *Marmor* führt uns immerhin zu einem Lehnwort. Zu welchem, kann man schon ahnen, wenn man sich die mittelhochdeutsche Version *marmel* und die althochdeutsche *marmul* für das Kalkgestein anschaut. Diese Versionen sind in den Lehnwörtern *Murmel* und *Marmel* für die Spielkugeln bewahrt (im nördlichen Deutschland: «Knicker»).

Übrigens: Das Fremdwort *Marmor* wurde aus gleichbedeutend lateinisch *marmor* entlehnt, das wiederum aus griechisch *mármaros* (bzw. *mármaron*) übernommen ist. Die heutige Form des Wortes *Marmor* hat sich nicht aus mittelhochdeutsch *marmel* bzw. althochdeutsch *marmul* entwickelt, sondern wurde im 16. Jahrhundert vom lateinischen Vorbild übernommen.

Muschel, Muskel

Älteste belegte Form: *Muschel* 9. Jahrhundert, *Muskel* 18. Jahrhundert.

«Und wenn die Sonne scheint und wenn et Sonntach is, / dann merkse e(a)s, datte Mensch gebliebn bis. / Und wenn et dunkel is und dich dein Mäusken beißt, / dann weiße e(a)s, wat lebn heißt.» (Erwin «Ährwin» Weiss) Ja, was so alles als Mäusken durchgeht ... Nicht nur des Sängers Perle, sogar unsere *Muskeln.* Denn das Wort *Muskel* wurde im 18. Jahrhundert aus lateinisch *musculus* (Mäusken, pardon: Mäuschen), der Verkleinerungsform von *mus* (Maus), entlehnt – vielleicht hat man da eine Ähnlichkeit zwischen einem zuckenden *Muskel* und einer huschenden Maus gesehen.

Aber auch die *Muschel* ist sprachlich gesehen ein Mäuschen. Denn *Muschel* wurde bereits früh (althochdeutsch *muscula*) aus vulgärlateinisch *muscula* entlehnt, das lateinisch *musculus* (Mäuschen, Miesmuschel) entspricht. Die schon lateinische Übertragung von *mus* (Maus) auf *musculus* (Muschel) verdankt sich wohl einer Ähnlichkeit in Form und Farbe.

N

Narr

Älteste belegte Form: 8. Jahrhundert.

«Lieber ein *Narr* sein auf eigene Faust als ein Weiser nach fremdem Gutdünken» (Nietzsche 1988: 276). Beim *Narren* hört es auf mit der Weisheit von wem auch immer. *Narr* ist ein ziemlich deutsches Wort, erstens, weil es das schon sehr lange gibt: althochdeutsch *narro*, mittelhochdeutsch *narre*, und zweitens, weil es *Narr* nur im Deutschen gibt und sonst in keiner anderen Sprache. Möglicherweise ist althochdeutsch *narro* von spätlateinisch *nario* (Nasenrümpfer, Spötter) abgeleitet. Aber Genaues weiß man nicht.

Nonne

Älteste belegte Form: 10. Jahrhundert.

Das Substantiv *Nonne* (althochdeutsch *nunna, nonna*) ist aus kirchenlateinisch *nonna* (Nonne) entlehnt, wozu es zunächst auch noch die männliche Entsprechung spätlateinisch *nonnus* (Mönch) gab. Das kindersprachliche Lallwort *nonna* (↑ Abt) ist im Spätlateinischen in der Bedeutung «Amme, Kindermädchen» nachgewiesen (vergleiche italienisch *nonna* [Oma] und *nonno* [Opa]).

«Klopp die *Nonne* in die Tonne» muss durchaus nicht menschenverachtend gemeint sein, denn seit dem 16. Jahrhundert werden verschiedene hohle Dinge und Werkzeuge (etwa Hohlkreisel, Hohlziegel) *Nonne* genannt, deren sich hineinfügende Pendants «Mönch» (↑ Mönch) heißen. Man deutete das später als Hinweis auf das ausschweifende klösterliche Sexualleben.

Note

Älteste belegte Form: 8. Jahrhundert.

Bei manchen *Noten* hilft es schon ein wenig, wenn man sie lesen kann (*Musiknoten*), bei anderen ist es eher von Vorteil, sie zu haben (persönliche *Note, Schul-* und *Banknoten*), und wieder andere tauscht man aus (diplomatische *Noten*). Die Bedeutungen von *Note* sind in der Tat mannigfaltig.

Das Substantiv *Note* wurde zunächst in der gleichen Bedeutung aus lateinisch *nota* (Zeichen, Kennzeichen) entlehnt. Im Mittelhochdeutschen gewann die *Note* die Bedeutung «für einen Ton in der Musik stehendes Zeichen» hinzu, die sich im Mittellateinischen herausgebildet hatte. Später fügten sich zahlreiche Bedeutungen an, die zum Teil auch schon dem lateinischen Wort eigen waren: im 18. Jahrhundert etwa «schriftliche Anmerkung, Zensur, diplomatisches Schriftstück» (nach entsprechend französisch *note*) und «Banknote» (nach englisch *[bank]note*), Ende des 19. Jahrhunderts «Art, persönliche Eigenart». Lateinisch *nota* gehört zu *notum* (kennengelernt, eingesehen, wissend), dem Partizip II von *noscere* (kennenlernen, einsehen).

Übrigens: Ebenfalls auf *nota* zu beziehen sind die Fremdwörter *notieren* und *Notar*. Das Verb *notieren* wurde erst im 16. Jahrhundert aus lateinisch *notare*, einer Ableitung von *nota*, entlehnt, das Substantiv *Notar* schon im 10. Jahrhundert aus lateinisch *notarius* (zum Kennzeichnen/Anmerken/Schreiben gehörig), einer Ableitung von *notare*.

nüchtern

Älteste belegte Form: 11. Jahrhundert.

In gewisser Weise hat die durchzechte *Nacht* schon etwas mit *nüchtern* zu tun – allerdings weniger das Zechen, sondern eher die *Nacht*. Das Adjektiv *nüchtērn* (althochdeutsch *nuohturn, nuohtarnīn*) verdankt sich ursprünglich den Üblichkeiten in einem Kloster, zu denen es gehörte, den ersten Gottesdienst am Morgen noch vor dem Frühstück zu feiern, also ohne zuvor, in der *Nacht*, etwas gegessen zu haben. So hat man althochdeutsch *nuoh-*

turn unter Einfluss (des Langvokals) von althochdeutsch *uohta* (Morgendämmerung) aus lateinisch *nocturnus, -a, -um* (nächtlich) entlehnt (oder vielleicht ein germanisches Erbwort an *nocturnus* angeglichen). Lateinisch *nocturnus* ist abgeleitet von *noctu* (nachts), einer Nebenform von *nocte*, dem Ablativ Singular des Substantivs *nox* (Nacht). Schon seit mittelhochdeutscher Zeit wird das Adjektiv auch als Gegenwort zu «betrunken» verwendet.

null

Älteste belegte Form: 16. Jahrhundert.

Wenn von zwei *Nullen* die Rede ist, scheint Differenzierung zunächst unangebracht. Allerdings gilt das nicht, wenn von der Herkunft von *null* die Rede ist. Denn *null* ist auf zwei verschiedene Weisen ins Deutsche geraten, und nur bei einer ist das Wort direkt aus dem Lateinischen entlehnt worden, nämlich bei *null* in der Bedeutung von «nichtig» als nur prädikativ verwendetes Adjektiv aus der Rechtssprache. Heutzutage ist *null* in dieser Bedeutung eigentlich nur noch in der Wendung «*null* und nichtig» gebräuchlich. Entlehnt ist *null* hier aus lateinisch *nullus, -a, -um* (keiner, keine, keines), das aus der Negationspartikel *ne* (nicht) und dem Pronomen *ullus, -a, um* (irgendeiner, -eine, -eines) zusammengefügt ist.

Übrigens: Der Weg bis zu *null* als Zahlwort war dagegen windungsreicher. Wenngleich es vermutlich im Imperium Romanum auch nicht weniger Nieten und *Nullen* gab als sonst üblich, hatten die Römer kein Wort für die Zahl *null*. Das war in der ganzen Antike so und hielt sich im Abendland bis in die Neuzeit hinein. Nach Euklids Definition der Zahl als der aus Einheiten zusammengesetzten Menge blieb einfach keine Funktion für *null* übrig. Während man in der indischen Mathematik bereits seit dem 6. Jahrhundert mit *null* rechnete, trifft man in Europa erst um 1300 auf Rechnungen mit *null*, etwa bei Leonardo Fibonacci (das ist der mit der berühmten Fibonacci-Folge: $a_{n+2} = a_{n+1} + a_n$, mit $a_0 = a_1 = 1$ und $n \geq 0$, also: 1, 1, 2, 3, 5, 8, 13 ...). Als Ziffer in Stellenwertsystemen aber, also zur Kennzeichnung eines nicht bestehenden Stellenwertes

(1000, 10 003, 2 044 008), ist so etwas wie *null* bereits im babylonischen Sexagesimalsystem bekannt. Claudius Ptolemäus führte für solch einen nicht vorhandenen Stellenwert das Zeichen «o» ein – vielleicht von griechisch «oudén» (nichts).

Das ist freilich immer noch kein Wort. Woher nehmen? Vielleicht aus dem Arabischen? Die Araber übersetzten das altindische «sunya» (leer, null) mit «as-sifr». Das bedeutet «Leere» und wurde auch als *null* verwendet. Von daher stammt über altfranzösisch «cifre» (null) und mittellateinisch «cifra» (null) unser Wort «Ziffer», das tatsächlich zunächst für «null» stand, dann aber im 15. Jahrhundert eine Begriffserweiterung erfuhr: Im Italienischen übernahm nämlich das Wort *nulla* (nichts) die Bedeutung von «cifra», das bis dahin «null» bedeutet hatte und nun seinerseits eine andere Bedeutung bekam, nämlich die, die bis dahin «figura» innehatte, die Bedeutung «Zahlzeichen». Und dieser Entwicklung folgte man im Deutschen. Das Wort «Ziffer» verlor die Bedeutung «null» und steht seither für «Zahlzeichen» und *null* steht halt für nichts, pardon: für «null». So haben wir die *Null* über das Italienische aus dem Lateinischen, obwohl es sie dort gar nicht gab.

O

o jemine ↑ herrjemine

Öl

Älteste belegte Form: 16. Jahrhundert.

Seltsam, wie unterschiedlich *Öl* doch wirkt, je nachdem, ob man es ins Feuer schüttet oder auf die Wogen. Wohin man es auch gießen mag: Woher es kommt, das *Öl*, das heißt: das Wort *Öl* (mittelhochdeutsch *öl[e]*, althochdeutsch *oli*), weiß man genau. Es ist nämlich entlehnt aus lateinisch *oleum* (Olivenöl, Öl), das seinerseits auf gleichbedeutend griechisch *élaion* zurückgeht. Letztlich stammt es wohl aus einer unbekannten Sprache des Mittelmeerraumes.

Übrigens: Hierher gehört auch das Fremdwort *Olive* (mittelhochdeutsch *olive* «Ölbaum»). Die seit dem Anfang des 16. Jahrhunderts belegte Bezeichnung für die Früchte des Ölbaumes wurde aus lateinisch *oliva* (Ölbaum, Olive) entlehnt. Dieses Wort war aus gleichbedeutend griechisch *elaíā* ins Lateinische übernommen worden.

opfern, Opfer

Älteste belegte Form: 8. Jahrhundert.

«G'folgt sans ihm tapfer, / oba da Berg, der wüll sei *Opfer*» (aus dem Wolfgang-Ambros-Lied «Da Berg»). Nicht nur der Watzmann will sein *Opfer*, auch viele Gottheiten – so wird ihnen jedenfalls von manchen Menschen unterstellt – verlangen ihre *Opfer*. So überrascht es nicht, dass das Verb *opfern* aus der Kirchensprache stammt. Über althochdeutsch *opfarōn* wurde es aus lateinisch *operari* (tätig sein, eine religiöse Handlung ausführen, Almosen spenden, einer Gottheit durch Opfer dienen) entlehnt, vielleicht beeinflusst durch lateinisch *offerre* (darbringen). Schon ziemlich früh wurde aus dem Verb auch das entsprechende Substantiv gebildet: althochdeutsch *opfar*, heute: *Opfer*.

Übrigens: Von *operari* wurde im 16. Jahrhundert auch das Fremdwort *operieren* abgeleitet, das zunächst in der allgemeinen Bedeutung «verfahren, handeln» verwendet wurde, aber bald schon in der medizinischen Fachsprache die zusätzliche Bedeutung «chirurgisch eingreifen» gewann. Das Verb *operari* gehört zu den Substantiven *opera* (Arbeit, Mühe, Tagewerk) und *opus* (Arbeit, Beschäftigung, Werk).

Orden

Älteste belegte Form: 11. Jahrhundert.

Das Substantiv *Orden* (mittelhochdeutsch *orden* «Regel, Ordnung, Reihe, Verordnung, Gesetz, Rang, Stand, Orden», althochdeutsch *ordena* «Reihe, Reihenfolge») wurde aus lateinisch *ordo* (Reihe, Ordnung, Rang, Stand) entlehnt (↑ ordnen). Bedeuten kann *Orden* ja recht Unterschiedliches. Schon früh wurde das Wort als Bezeichnung der Regeln verwendet, die für klösterliche, dann auch für weltliche Gemeinschaften und Brüderschaften verbindlich waren, und in der Folge auch zur Bezeichnung solcher Gemeinschaften. Infolge der *Ordensabzeichen*, welche die Mitglieder als Zeichen ihrer Zugehörigkeit trugen, bedeutet *Orden* heute ferner «Ehrenzeichen, Auszeichnung».

Übrigens: Um lateinisch *ordo* gruppieren sich auch eine Reihe von Fremdwörtern. So wurde im 16. Jahrhundert *Ordinarius* (*professor ordinarius*), der ordnungsgemäß berufene Professor, entlehnt, zu lateinisch *ordinarius* (ordentlich, der Gewohnheit entsprechend). Zu *ordinarius* gehören außerdem das im 17. Jahrhundert aus französisch *ordinaire* (normal, gewöhnlich) entlehnte Adjektiv *ordinär* sowie das im 17. Jahrhundert aus französisch *ordre* (Anweisung, Befehl) entlehnte Substantiv *Order*.

ordnen

Älteste belegte Form: 9. Jahrhundert.

Ordnung ist das halbe Leben und Suchen die andere Hälfte. Sucht man nun nach der Herkunft von *ordnen* (mittelhochdeutsch *ordenen* «in Ordnung bringen, anordnen», althochdeutsch *ordinōn* «einreihen, ordentlich erfüllen, [an]ordnen» usw.), stößt man auf lateinisch *ordinare* (in Reihen zusammenstellen, ordnen, anordnen). Das Verb *ordinare* ist wiederum von lateinisch *ordo* (Reihe, Ordnung, Rang, Stand) abgeleitet (↑ Orden).

Orfe

Älteste belegte Form: 11. Jahrhundert.

Die Bezeichnung für den Karpfenfisch *Orfe* (*Leuciscus idus*, althochdeutsch *orvo*, mittelhochdeutsch *orve, orfe*), der auch «Aland» oder «Nerfling» heißt, wurde von lateinisch *orphus* (ein rötlicher Meeresfisch) abgeleitet, das wiederum auf griechisch *órphos* (ein Seefisch) zurückgeht. Ganz nett, interessant bis spannend zu sehen ist, dass auch in lateinischen Texten des Mittelalters ohne Weiteres althochdeutsche Wörter auftauchen können, falls die lateinischen gerade nicht zur Hand sind, so etwa die Bezeichnungen von Fischen wie «lahs» (lateinisch «salmo»), «charpho» (meist: «karpfo», lateinisch «cyprinus»), *orvo* (lateinisch *orphus*), «alnt» (meist: «alant/alunt», keine lateinische Bezeichnung) und «naso» (meist: «nasa», keine lateinische Bezeichnung): «Pisces namque vorant, illos ubi prendere possunt: prashina, lahs, charpho, barbartulus, orvo, alnt, naso, qui bini nimis sunt acerosi [...]» (Ruodlieb, XIII, 14) (Fische verschlingen sie nämlich, wo sie sie kriegen können: die Lauchgrüne [Schleie?], Lachs, Karpfen, Barbe, Orfe, Aland, Nase, die beide überaus grätig sind [...]).

P

Paar, paaren, paar

Älteste belegte Form: 13. Jahrhundert.

Zwar hat ein *Paarhufer* ein *paar* Hufe, heißt aber nicht deshalb so. Denn im ersten *Paar* geht es um zwei, weil beim *Paarhufer* nur zwei Zehen voll entwickelt und die anderen zurückgebildet sind. Im zweiten *paar* dagegen geht es um wenige, jedoch mehr als zwei. Beide lassen sich über mittelhochdeutsch/althochdeutsch *par* auf lateinisch *par* (unter zweien: gleich, gleichkommend, gewachsen) zurückführen. Während *Paar* stets zwei meint, hat man es bei *paar* wohl mit dem Zählen nicht so genau genommen und die Bedeutung von *Paar* auf mehrere, aber wenige erweitert. So sind *Paar* und *paar* heute zwei *Paar* Stiefel.

Pacht ↑ Pfahl, Pfropfen, Pacht

Papier

Älteste belegte Form: 15. Jahrhundert.

So, jetzt erst mal etwas *Papierkram*. Das Substantiv *Papier* für beschreib- und bedruckbare Blätter und Bögen bzw. für Verpackungsmaterial wird seit dem 15. Jahrhundert im Deutschen verwendet.

Entlehnt ist das Wort aus dem lateinischen Substantiv *papyrum/papyrus* (Papyrusstaude, [aus Papyrus hergestelltes] Papier), das selbst wiederum auf griechisch *pápȳros* zurückgeht. Allerdings scheint auch das griechische Wort noch auf einen weiteren Ursprung zu verweisen. Auf welchen, weiß man nicht.

Pappel

Älteste belegte Form: 9. Jahrhundert.

Die Bezeichnung *Pappel* geht über mittelhochdeutsch *pappel(e)* und althochdeutsch *popelboum, papilboum* auf mittellateinisch *papulus* bzw. lateinisch *populus* (Pappel) zurück. Man hat auch schon eine eventuelle griechische Herkunft erwogen, und zwar von *pteléa* (Ulme, Rüster).

Papst

Älteste belegte Form: 11. Jahrhundert.

Wenn die Tochter von Herrn Lindemann, dem Loriot'schen Lottogewinner, schließlich mit dem *Papst* eine Herrenboutique in Wuppertal aufzumachen gedenkt, lallt Herr Lindemann eigentlich nur noch, und das passt in gewisser Weise ganz gut zum *Papst*. Die Bezeichnung für den Kirchenchef geht über mittelhochdeutsch/althochdeutsch *bābes* auf kirchenlateinisch *pap(p)as*, eine Nebenform von *papa* (Vater, Bischof), zurück. Die heutige Form mit anlautendem *p-* verdankt sich einer akademischen Wiederangleichung ans Lateinische. Kirchenlateinisch *pa(p)pas* aber ist auf lateinisch *papa* (Vater) zu beziehen und das wiederum auf griechisch *páppa*, den Vokativ von *páppas* (Vater) – einem Wort der kindlichen Lallsprache (↑ Abt).

Pate, Patin

Älteste belegte Form: 13. Jahrhundert.

Wesentlich geprägt wurde das Bild von einem *Paten* ja durch Don Vito Corleone (Marlon Brando) aus dem Francis-Ford-Coppola-Film «Der *Pate*». Eigentlich ist aber mit der Bezeichnung der meist weitaus harmlosere Taufzeuge gemeint. Das Substantiv *Pate* (mittelhochdeutsch *pade*, althochdeutsch *bābes*) wurde zunächst im Norddeutschen aus mittellateinisch *pater spiritualis* (geistlicher Vater) entlehnt, das zu lateinisch *pater* (Vater) gehört. Im 17. Jahrhundert kam auch die *Patin* hinzu.

Übrigens: Auf lateinisch *pater* gehen auch die Fremdwörter *Patrizier, Patron* und sogar *Patrone* (seit dem 16. Jahrhundert) zurück. *Patrone* wird zunächst in der Bedeutung «Muster, Modellform» verwendet, auch «Musterform (Papierhülle) für Schießpulver». Das Wort ist aus französisch *patron* (Musterform, eigentlich: Vaterform) entlehnt, das über mittellateinisch *patronus* (Musterform) auf lateinisch *patronus* (Schutzherr, Schirmherr) zurückgeht.

Pech

Älteste belegte Form: 9. Jahrhundert.

«Erst hatten wir kein Glück, dann kam noch *Pech* hinzu» (Jürgen «Kobra» Wegmann vom FC Bayern München), und zwar eigentlich schon, als das Substantiv *Pech* (althochdeutsch *beh, peh*) aus lateinisch *pix* (Pech) entlehnt wurde. Zunächst war natürlich das klebrige schwarze Zeug gemeint. Die übertragene Bedeutung trat erst viel, viel später auf, im 18. Jahrhundert nämlich. Das lateinische Wort geht zurück auf gleichbedeutend griechisch *píssa*.

Pegel, peilen, picheln

Älteste belegte Form: 18. Jahrhundert.

Was die Herkunft von Wörtern angeht, hat sich wohl schon manch einer ordentlich *verpeilt*. Oder liegt es etwa unmittelbar auf der Hand, dass *Pegel* und *peilen* lateinischen Ursprungs sind? Und sie sind es ja vielleicht auch gar nicht. Eine Vermutung aber ist, dass das mittellateinische *pagella* (Maßstab) für *Pegel* Pate gestanden habe. Das zugrunde liegende lateinische *pagella* (Seite) ist eine Verkleinerungsform von *pagina* (Blatt, Seite). *Pagina* wiederum ist auf *pangere* (befestigen, aneinanderfügen) zu beziehen. Das Verb *peilen* ist von *Pegel* abgeleitet und wurde im 18. Jahrhundert wie das Substantiv selbst aus dem Niederdeutsch-Niederländischen übernommen. Auch das Verb *picheln* bezieht sich wahrscheinlich auf *Pegel*, und zwar im Sinne von «Volumeneichzeichen an Trinkgefäßen», und darauf, dass man bei ordentlichen Gelagen halt nach *Pegeln* trank. Eine andere Deutung bezieht *picheln* auf das gleichbedeutende rheinische *picken/pecken*, das dann auf ostfranzösisch *pique* (Tresterwein, Nachwein) und französisch *picter* (lange trinken) bezogen wird. Und das könnte aus vulgärlateinisch **piccare* (stechen, sauer schmecken) abgeleitet sein.

Pein, peinlich, pingelig, verpönt

Älteste belegte Form: 8. Jahrhundert.

Das Substantiv *Pein* für ein sehr ausgeprägtes Unbehagen (Schmerz) ist heutzutage nicht mehr wirklich gebräuchlich, das Adjektiv *peinlich* aber durchaus – obwohl ja immer wieder beklagt wird, dass einer wachsenden Anzahl von Menschen gar nichts mehr *peinlich* sei, zum Beispiel in den Medien. Dort gibt es «*peinliche* Befragungen» in einem etwas anderen Sinne als dem der heiligen Inquisition (da waren es Befragungen unter Folter). *Pein* geht über das mittelhochdeutsche *pīne* und das althochdeutsche *pīna* (Strafe, Qual) auf das mittellateinische *pena* ([Höllen-] Strafe) und weiter auf das lateinische *poena* zurück. Das lateinische Wort wiederum ist auf das griechische *poinḗ* (oder dorisch *poinā́*) zu beziehen, das so etwas ausdrückt wie die Ausgleichsleistung für eine Blutschuld. Lateinisch *poena* hatte daher zunächst die Bedeutung von «Ersatz(leistung), Rache», später allgemein von «Strafe» und schließlich auch die übertragene Bedeutung von «Schmerz, Leid» (dabei handelt es sich um eine Metonymie: die Übertragung von der Ursache auf die Wirkung).

Auf *poena* zurückzuführen sind auch *peinigen* und *verpönt*, ein zum Adjektiv geronnenes Partizip des veralteten Verbs *verpönen* (bei Strafe verbieten).

Das Adjektiv *pingelig* (peinlich genau) ist eigentlich die rheinische Version von *peinlich* und abgeleitet von *Ping* (Schmerz): «durch

Pille bes de dann befreit, jäjen Stress un all ding *Ping*» (Bläck Fööss: «Dr. Pillemann»). Das Rheinland zeichnet ja eh die Verwobenheit mit der römischen Kultur aus.

Übrigens: Nicht zu vergessen: *penibel*, das zu Beginn des 18. Jahrhunderts – zunächst mit der eigentlichen Bedeutung «mühsam, beschwerlich» – aus französisch *pénible* (mühsam, beschwerlich, schmerzlich) entlehnt wurde, einer Ableitung von französisch *peine* (Strafe, Schmerz, Mühe, Schwierigkeit).

Pelz, Pelle, pellen

Älteste belegte Form: 10. Jahrhundert.

Jetzt wollen wir mal dem Substantiv *Pelz* (mittelhochdeutsch *belliʒ, belleʒ, belz*, althochdeutsch *pelliʒ, belliʒ*) auf denselben rücken: Entlehnt ist es aus mittellateinisch *pellicia (vestis)* (Kleidungsstück aus Pelz, Pelz). Das zugrunde liegende mittellateinische Adjektiv *pellicius, -a, -um* (aus Fellen gemacht) ist – möglicherweise beeinflusst von *pilus* (Haar) – von lateinisch *pellis* (Fell, Haut) abgeleitet.

Auf *pellis* gehen wohl auch unser Substantiv *Pelle* sowie das Verb *pellen* zurück. Vorgeschlagen wurde allerdings auch ein Entlehnungsweg über altfranzösisch *peler* (schälen), das dann entweder wiederum auf unser bekanntes lateinisches Substantiv *pellis* oder aber auf das lateinische Verb *pilare* (enthaaren) zu beziehen wäre.

Pendel, pendeln

Älteste belegte Form: 18. Jahrhundert.

Das *Pendel* schlägt doch stark in Richtung Latein aus, wenn es um seine Herkunft geht. Denn die Bezeichnung *Pendel* für einen von einem Punkt aus frei schwingenden Körper wurde aus mittellateinisch *pendulum* (Schwinggewicht) entlehnt, dem substantivierten Neutrum des lateinischen Adjektivs *pendulus, -a, -um* (herabhängend, schwebend), das zum lateinischen Verb *pendere* (hängen, schweben) gehört.

Perle, Perlmutt

Älteste belegte Form: 9. Jahrhundert.

Bei den *Perlen*, die vor die Säue geworfen werden, lässt sich trefflich darüber streiten: Was kann überhaupt als *Perlen* durchgehen und wer als Säue? Jedenfalls aber wurde das Lehnwort *Perle* (mittelhochdeutsch *berle, perle*, althochdeutsch *per[a]la*) wahrscheinlich aus vulgärlateinisch (romanisch) **per(n)ula* entlehnt, einer Verkleinerungsform von lateinisch *perna* (Hinterkeule von Tieren, eine Meermuschel [wohl ausgehend von der hinterkeulenähnlichen Form der Muschel]). Die Zusammensetzung *Perlmutter* bzw. *Perlmutt* (spätmittelhochdeutsch *perlīnmuoter*) ist eine Lehnübersetzung des 14. Jahrhunderts von mittellateinisch *mater perlarum* und meinte ursprünglich die *Perlmuschel*, die quasi als Mutter die *Perle* in die Welt bringt. Die Bezeichnung ging später auf die irisierende Schicht der Schalen über. Das Verb *perlen* wurde erst um 1800 geläufig.

Pest

Älteste belegte Form: 16. Jahrhundert.

Jemandem die *Pest* an den Hals zu wünschen, zeugt ja nicht gerade von einer gelassenen Lebenshaltung – sich mit der Herkunft von Wörtern zu beschäftigen, schon eher. Das Substantiv *Pest* für die oft tödlich verlaufende Krankheit wurde aus lateinisch *pestis* (Seuche, Unglück, Untergang) entlehnt.

Übrigens: Schon früher belegt, und zwar für das 14. Jahrhundert, ist das Fremdwort *Pestilenz* (spätmittelhochdeutsch *pestilencie, pestilentz*).

Pfahl, propfen, Pacht

Älteste belegte Form: 10. Jahrhundert.

Mit vielen anderen Fachbegriffen aus dem römischen Bauwesen wurde auch das Lehnwort *Pfahl* (althochdeutsch *pfāl*) schon recht früh aus dem Lateinischen entlehnt, und zwar aus *palus* (Pfahl). Das lateinische Wort ist wahrscheinlich auf das Verb *pangere* (befestigen, einschlagen) zu beziehen und verwiese dann auch auf das im 16. Jahrhundert aus vulgärlateinisch *pacta* entlehnte *Pacht* und auf das im 15. Jahrhundert entlehnte Substantiv *Pakt.* Zugrunde liegt beiden das substantivierte Partizip II *pactum* (das Festgemachte) des Verbs *pacisci* (eine Abmachung festmachen). Dies wiederum gehört zu dem Verb *pangere* – und der Kreis schließt sich. Aber auch so etwas wie *pfropfen* gehört hierher. Abgeleitet wurde das Verb aus dem althochdeutschen *pfropfo/propfa* (Ableger, Setzling; Erstbeleg: 11. Jahrhundert), einem Substantiv, das im Mittelhochdeutschen wieder verschwand. Dieses Substantiv geht auf ein lateinisches zurück, nämlich *propago* (Ableger, Setzling). Das gehört zu *propagare* (ausbreiten, verlängern, erhöhen), aus *pro* (für, voraus) und dem nun schon wohlbekannten *pa(n)gere.*

Übrigens: Im Grunde hat jede Art von *Propaganda* ihren Ursprung in der katholischen, aber zunächst einmal in *propagare*, genauer in dem Gerundiv *propagandus, -a, -um* (auszubreitend). Das Copyright muss man eigentlich der 1622 gegründeten *congregatio de propaganda fide* (Gesellschaft für den zu verbreitenden Glauben) zuschreiben. Aus dieser Bezeichnung nämlich hat man sich das Wort *Propaganda* herausgenommen, das seit dem 19. Jahrhundert gebräuchlich ist.

Pfalz

Älteste belegte Form: 8. Jahrhundert.

Wenn man ganz verknotet, etwa penibel wörtlich (also besserwisserisch, also falsch) denkt, könnte man meinen, ein Jäger aus *Kurpfalz*, der durch den grünen Wald reitet, sei ein römischer Säckel. Schließlich leitet sich das Substantiv *Pfalz* (mittelhochdeutsch *pfalenze, pfalz[e]*, althochdeutsch *pfalanza, pfalinza, falanza*) letztlich vom römischen Hügel *Palatium* (dem Palatin) ab. Da die römischen Kaiser dort ihre Wohnstatt hatten, nahm das Wort bald auch die Bedeutung «kaiserliche Wohnstatt, Palast» an. Ins Germanische/Deutsche ist es über das vulgärlateinische *palantia* (fürstliche Wohnstatt) gelangt, eine Nebenform zu spätlateinisch *palatia*, das im Lateinischen nichts anderes als der Plural von *palatium* ist und zunächst die Gesamtheit der Gebäude auf dem *Pala-*

tium bezeichnete. Eine *Pfalz* (bzw. althochdeutsch *pfalanza, falinza*) war zunächst das Wohn- und Amtsgebäude von so einem dabbischen König oder Kaiser (eine *Kaiserpfalz* halt), in dem auch als dessen Vertreter ein *Pfalzgraf* residieren konnte. Dann wurde die Bezeichnung *Pfalz* auf das ganze Gebiet übertragen, das dem *Pfalzgrafen* als Lehen übertragen war, und schließlich auf Gegenden, auch auf ein Bundesland: *Oberpfalz, Kurpfalz, Rheinland-Pfalz*.

Übrigens: Auch das Wort *Palast* geht auf denselben Hügel zurück, ist aber im 12. Jahrhundert über das französische *palais* ins Deutsche gelangt.

Pfand, pfänden

Älteste belegte Form: 8. Jahrhundert.

Für die gesicherte Herkunft des nur im Deutschen und Niederländischen geläufigen Wortes *Pfand* (mittelhochdeutsch/althochdeutsch *phant*) sollte man vielleicht nicht allzu viel *verpfänden* (*pfänden*: mittelhochdeutsch *pfenden*, althochdeutsch *phantōn*). Denn endgültig geklärt ist die Herkunft beileibe nicht. Kandidaten wären etwa altfranzösisch *pan* (Stück Tuch) aus lateinisch *pannus* (Lappen), was freilich aus Gründen der Lautentwicklung unwahrscheinlich ist, oder lateinisch *pactum*, bei dem wiederum vorauszusetzende Zwischenstadien fehlen. Denkbar wäre eine Entlehnung aus lateinisch *pondus* (Gewicht), sofern diese sehr früh geschehen wäre (*Pfand* wäre dann so etwas wie ein Gegengewicht).

Pfanne

Älteste belegte Form: 9. Jahrhundert.

Ohne Römer und Griechen hätte ja niemand was auf der *Pfanne*. Denn *Pfanne* (althochdeutsch *pfanna*) ist über vulgärlateinisch *panna* (Schüssel, Pfanne) von lateinisch *patina* (Schüssel) entlehnt, das wiederum von griechisch *patánē* (Schüssel) stammt.

Übrigens: Auf lateinisch *patina* ist wahrscheinlich auch das Wort *Patina* (Kupferedelrost) zurückzuführen, das im 18. Jahrhundert aus italienisch *patina* (Firnis, Fellpflegemittel, Patina) übernommen wurde.

Pfau

Älteste belegte Form: 9. Jahrhundert.

Ein gutes Rad muss nicht teuer sein. Ganz umsonst schlägt es zum Beispiel der *Pfau* für uns. Abgeleitet wurde das Substantiv *Pfau* über mittelhochdeutsch *pfā(we)* und althochdeutsch *phāo, phāwa, pfāwo* aus dem lateinischen *pavo* (Pfau) (und stammt wahrscheinlich ursprünglich aus einer anderen Sprache). *Pfauen* wurden in Mitteleuropa zuerst am Hofe Karls des Großen gehalten. Mit den Federn wurden die Helme der Rüstungen geschmückt. Allerdings sind die Vögel, die ursprünglich aus Südasien stammen, schon Tausende von Jahren vor Christus als Haustiere nachgewiesen und tauchen seither in den unterschiedlichsten Kulturen auf, sei es in der Harappakultur, in der indischen Mythologie (noch heute ist der Pfau Indiens Nationalvogel), in China, in der Bibel (Salomon), in der phönizischen, griechischen und römischen Kultur und, und, und. So schwant einem schon, dass sehr, sehr viele Sprachen als Ursprung des Wortes *Pfau* infrage kommen. Das macht es so schwer, diesen Ursprung aufzuspüren. Wir halten uns also lieber an das Lateinische.

Übrigens: In «schwanen» steckt ja anscheinend auch ein Vogel drin: der Schwan. «Schwan» ist allerdings nicht lateinisch, «schwanen» in gewisser Weise (vielleicht) schon. Die Herkunft des Verbs ist dunkel, doch eine der favorisierten Deutungen ist die, dass es sich um einen Humanistenscherz des 16. Jahrhunderts handele: Damals habe man eine Kontamination aus «olet mihi» (es riecht mir = ich ahne) und «olor» (Schwan) gebastelt und dann in «schwanen» lehnübersetzt. Das ist nicht gesichert, aber immerhin witzig.

Pfeffer, Pfifferling

Älteste belegte Form: 8. Jahrhundert.

Wer auch immer bleiben soll, wo der *Pfeffer* wächst – für den *Pfeffer* selbst galt das ganz bestimmt nicht. Denn das Gewürz aus Ostasien war heiß begehrt und man zahlte *gepfefferte* Preise. Die deutsche Bezeichnung *Pfeffer* geht auf eine sehr frühe Entlehnung (althochdeutsch *pfeffar*) aus lateinisch *piper* zurück, das wiederum aus griechisch *péperi* entlehnt worden ist. Das griechische Wort hat seine Wurzel in altindisch *pippalī* (Beere, Pfefferkorn), es gelangte wohl über die Perser zu den Griechen. Zu *Pfeffer* gehört auch die Bezeichnung *Pfifferling* für den Speisepilz (althochdeutsch *phiffera*).

pfeifen, Pfeife

Älteste belegte Form: 9. Jahrhundert.

Auch wer aus dem letzten Loch *pfeift, pfeift* gewissermaßen immer noch lateinisch. Denn *pfeifen* (althochdeutsch *pfīfōn*; Erstbeleg: 11. Jahrhundert) ist wahrscheinlich aus lateinisch *pipare* (piepen) entlehnt (wenn es nicht vielleicht ursprünglich selbst lautmalerisch gebildet wurde wie eben auch *pipare*).

Die (Tabaks-)*Pfeife* (althochdeutsch *pfīfa*) dagegen ist ziemlich sicher aus spätlateinisch *pipa* (Schalmei [Blasinstrument]) hervorgangen, einer Rückbildung aus *pipare*. Das Rauchwerkzeug verdankt seine Bezeichnung seiner Ähnlichkeit mit dem Musikinstrument.

Übrigens: *Schalmei* (mittelhochdeutsch «schalemi[e]»), die Bezeichnung für das mittelalterliche Blasinstrument mit doppeltem Rohrblatt, also die «Übersetzung» von *pipa*, hat selbst schon einen langen Weg hinter sich, der über altfranzösisch *chalemie* zum griechischen *kalamaía* (Rohrflöte) führt, das auf *kálamos* (Schilfrohr) zu beziehen ist.

Pfeil

Älteste belegte Form: 8. Jahrhundert.

Germanische Stämme und Römer sind ja schon mal aneinandergeraten, nicht ganz selten kriegerisch. Dabei haben die germanischen Krieger auch den Wurfspieß der römischen Fußsoldaten kennengelernt – oft eindrücklicher, als ihnen lieb war. Das lateinische Wort dafür, *pilum* (Wurfspieß), haben sie schon sehr früh entlehnt, allerdings für etwas viel Kleineres, für den *Pfeil* (althochdeutsch *pfīl*).

Pfeiler

Älteste belegte Form: 10. Jahrhundert.

Da *Pfeiler* zu Architektur und Bauhandwerk gehören, kann man schon ahnen, dass das Lateinische da seine helfenden sprachlichen Hände im Spiel hatte. Und so ist es auch: Unser Wort *Pfeiler* geht über mittelhochdeutsch *pfilære* auf althochdeutsch *phīlāri* zurück, das aus mittellateinisch *pilarium, pilarius* (Pfeiler) entlehnt wurde. Zugrunde liegt lateinisch *pila* (Pfeiler), wohl eigentlich *pigula*, das zu *pangere* (befestigen, einschlagen) gehört. (↑ Pfahl, propfen)

Pferch, pferchen

Älteste belegte Form: 9. Jahrhundert.

Wenn einem ein *Pferch* spanisch vorkäme, wäre das erstaunlich, aber vielleicht nicht einmal falsch. Gemeint ist eine von Hürden oder Bretterzäunen eingeschlossene Fläche, auf der das Vieh für die Nacht zusammengetrieben oder *zusammengepfercht* wird. Das Substantiv *Pferch* (mittelhochdeutsch *pferrich*, althochdeutsch *pherrih*) wurde schon früh aus mittellateinisch *parricus* (eingeschlossener Raum, Gehege) entlehnt, das – und hier kommt nun das Spanische ins Spiel – wahrscheinlich oder vielleicht mit einem iberischen Wort **parra* (Spalier) zu tun hat, vergleiche dazu spanisch *parra* (Weinlaube).

Pferd

Älteste belegte Form: 9. Jahrhundert.

«Ein *Pferd*! ein *Pferd*! Mein Königreich für ein *Pferd*!», lässt Shakespeare König Richard III. ungeduldig über die geduldige Bühne bölken (Shakespeare 2014: 309) – wahrscheinlich nur, um uns einen Einstieg für das Lateinische im Wort *Pferd* zu liefern. Wahnsinnig viel Lateinisches ist da nicht drin, aber immerhin ein bisschen – dafür jedoch viel Keltisches und viel Griechisches. Fangen wir mit dem Lateinischen an, mit dem Mittellateinischen, genauer gesagt. Zum mittellateinischen *paraveredus* (Kurierpferd auf Nebenlinien) führt uns das *Pferd* über diverse Zwischenstufen zu-

rück, nämlich über mittelhochdeutsch *pfert, pfärt, pfarit* und *pfavrit* und über althochdeutsch *pfafrit* und *pfarifit*. Mit *veredus*, auch *veraedus*, bezeichneten die Römer eine bestimmte Art von Pferd, nämlich das leicht geschirrte Pferd: das Kurier-, Post-, aber auch das Jagdpferd. Die Bezeichnung gehört zu den überraschend wenigen Wörtern, die von den Galliern (Kelten) im Lateinischen verankert werden konnten. Und das, obwohl die Gallier schon am Ende des 5. Jahrhunderts v. Chr. in Oberitalien eingefallen waren und die Etrusker weit zurückgedrängt hatten. Selbst Rom wurde 390 v. Chr. von ihnen geplündert. Doch haben sie wohl keine eigenen Siedlungen gegründet und sind schnell in den Völkern, zwischen denen sie lebten, aufgegangen. Da sie zudem nicht schrieben, finden sich kaum sprachliche Spuren im Lateinischen.
Doch zurück zum *paraveredus*: Die Vorsilbe *para-* (neben) ist griechisch und *vered-* ursprünglich keltisch und dann latinisiert. Wenn man so will, sind das drei verschiedene Sprachen in unserem schlichten *Pferd* – und dazu jetzt auch noch Deutsch! Vielleicht bis wahrscheinlich ist das Wort dem gleichbedeutenden griechischen *párippos* nachempfunden. Und die ursprünglich einheimischen Bezeichnungen «Gaul» und «Ross» wurden an die regionalen und stilistischen Ränder (derb bzw. gehoben) der Sprache gedrängt. Nicht so übrigens im Englischen, wie etwa bei Shakspeares Richard III., wenn man das Original nimmt. Dort ist von der englischen Entsprechung von «Ross», nämlich «horse», die Rede: «A horse! A horse! My kingdom for a horse!» (Shakespeare 2014: 308)

Übrigens: Ein anderes keltisches Wort für Pferd, nämlich **marko*, verwandt mit deutsch *Mähre*, findet sich recht gut erkennbar im Namen des Eifelörtchens *Marmagen*, lateinisch *Marcomagus* (auch *-magen/magus* = Ebene ist keltisch, etwa noch in *Dormagen* und *Remagen*). Ziemlich gut versteckt ist das keltische Pferd im Ortsnamen *Düren*, aber schon gut zu erkennen ist es in der alten lateinischen Version *Marcodurum* (ebenfalls keltisch ist *-durum* = Festung).

Pfifferling ↑ Pfeffer, Pfifferling

Pfirsich

Älteste belegte Form: 12. Jahrhundert.

Den *Pfirsich* und den *Pfirsichbaum* haben die Römer von den Persern bekommen und nannten den Baum daher *arbor persica* (persischer Baum) oder auch schlicht *persicus*. Die Frucht bezeichneten sie mit *persicum malum* (persischer Apfel). Die verkürzte vulgärlateinische Form *persica* hat sich dann durchgesetzt. Sie wurde schon vor der hochdeutschen Lautverschiebung auch im Deutschen entlehnt (althochdeutsch *phersihboum*) und avancierte schließlich zu *Pfirsich*.

Pfister

Älteste belegte Form: 12. Jahrhundert.

Bei manchen Ideen ahnt man ja schon, dass ihre Verwirklichung auch gut nach hinten hätte losgehen können. So soll Jupiter den Römern bei der Belagerung Roms durch die Gallier die Idee eingegeben haben, Brot auf die anstürmenden Feinde zu werfen, um ihnen vorzugaukeln, dass man noch massenhaft Vorräte besitze. Das hat Jupiter den Beinamen *Pistor* eingebracht. Denn *pistor* heißt unter anderem «Bäcker». Aus lateinisch *pistor* (Stampfer, Müller, Bäcker) ist dann auch das heute nicht mehr so geläufige Substantiv *Pfister* (althochdeutsch *pfistur*) für einen (Hof-/Kloster-)Bäcker entlehnt worden. Das lateinische Substantiv *pistor* gehört zum Verb *pinsere* (zerstoßen, zermahlen).

Pflanze, pflanzen

Älteste belegte Form: 10. Jahrhundert.

Obgleich wir heute mit dem Substantiv *Pflanze Pflanzen* jeder Art meinen können, ging es ursprünglich erst einmal um *Kulturpflanzen*. Denn *Pflanze* (althochdeutsch *pflanza*) ist aus lateinisch *planta* (Setzling) entlehnt. Das geht auf das lateinische Verb *plantare* (pflanzen, bepflanzen, versetzen, eigentlich: mit dem Fuß feststampfen) zurück, das wiederum von einem anderen, ursprünglichen *planta* (Fußsohle) abgeleitet ist. Hier geht es also um das

Festtreten der Erde um die Setzlinge von *gepflanzten Kulturpflanzen* herum.

Pflaster, plästern

Älteste belegte Form: 8. Jahrhundert.

«Wahr ist vielmehr: Ohne Zaster / beißt der Mensch ins *Straßenpflaster*» (aus dem Schlager «Geld oder Leben» der Ersten Allgemeinen Verunsicherung). Ins Deutsche übernommen wurde *Pflaster* (althochdeutsch *pflāstar*) aus mittellateinisch *(em)plastrum* (Wundpflaster, Fußboden- oder Straßenbelag), dem lateinisch *emplastrum* zugrunde liegt. Es zählt also zu den ganz frühen Entlehnungen aus dem Bereich des Hoch- und Tiefbaus. Im Lateinischen wird *emplastrum* nur im Sinne von «Wundpflaster» verwendet, allenfalls noch im Sinne von «Augenklappe». Im Mittellateinischen hat also eine Übertragung stattgefunden, es geht nicht mehr nur um das, was man auf eine Wunde auflegt, sondern auch um das, was man auf eine begehbare Fläche auflegt. Das lateinische Wort seinerseits wurde aus griechisch *émplast(r)on (phármakon)* (das Aufgeschmierte, Salbe, Salbenverband) entlehnt. Das wiederum gehört zum Verb *em-plássein* (aufschmieren, bestreichen), darin *plássein* (aus weicher Masse formen, bilden, gestalten).

Im Rheinischen und Westfälischen kann es ganz schön *plästern*. Das kann es anderswo auch, aber da nennt man es anders, etwa: «stark regnen», «wie aus Eimern schütten», «aus allen Rohren gießen» oder Ähnliches. Und auch das schöne Verb *plästern* (eigentlich: mit Mörtel/Putz/Speis bewerfen) geht letztlich auf *(em)plastrum* (Putz) zurück.

Pflaume

Älteste belegte Form: 9. Jahrhundert.

Die Bezeichnung der Steinfrucht *Pflaume* (mittelhochdeutsch *pflūme, pfrūme*, althochdeutsch *phrūmboum, phrūma*) ist aus lateinisch *prunum* (Pflaume) bzw. vulgärlateinisch **pruna* entlehnt, das wiederum von griechisch *proūmnon* abstammt. Das Wort ist letztlich wohl kleinasiatischen Ursprungs.

pflücken

Älteste belegte Form: 9. Jahrhundert.

Unsere Altvorderen haben sich von der römischen Kultur etliches Nützliche *herausgepflückt*, vor allem auch aus dem Obst- und Weinanbau. Das schlägt sich noch heute in unserer Sprache nieder – so zum Beispiel im Verb *pflücken* (althochdeutsch *pflockōn*), das aus mittellateinisch *piluccare* (auszupfen, rupfen) entlehnt wurde. Mittellateinisch *piluccare* ist wohl eine Erweiterung von lateinisch *pilare* (die Haare auszupfen), das wiederum zu *pilus* (das einzelne Menschen- oder Tierhaar) gehört.

Pforte, Pförtner

Älteste belegte Form: 8. Jahrhundert.

Auch *Pforte* gehört zu den zahlreichen Begriffen aus der Architektur und dem Bauwesen, die aus dem Lateinischen stammen. Das Wort kam aus lateinisch *porta* (Tor) über das Germanische ins Althochdeutsche (*pforta*). Im 12. Jahrhundert wurde dann noch aus lateinisch *portenarius* (Türhüter), der auch auf *porta* zurückgeht, der *Pförtner* entlehnt. Ab dem 18. Jahrhundert wurde *Pförtner* für eine Zeit fast ganz vom französischen *Portier* verdrängt, setzte sich dann aber nach und nach wieder durch.

Übrigens: Selbst das originale lateinische *porta* findet sich im Deutschen, nämlich im Namen *Porta Westfalica* für das Durchbruchstal der Weser zwischen Weser- und Wiehengebirge und für eine dort gelegene, 1973 gegründete Stadt.

Pfosten

Älteste belegte Form: 12. Jahrhundert.

Den *Vollpfosten* im übertragenen Sinne gab es im Lateinischen noch nicht, aber immerhin die Vorlage für das Wort *Pfosten*. Es geht über althochdeutsch *phosto/pfost(o)* zurück auf lateinisch *pos-*

tis (Pfosten, Türpfosten, eigentlich: *postis lapideus ianuae* [der steinerne Pfosten der Tür]).

Übrigens: Wenn man etwas an einen *Pfosten* anschlägt, könnte es sich durchaus um ein *Poster* handeln, das über englisch *to post* (anschlagen) und ein paar Zwischenschritte letztlich auch auf *postis* zurückzuführen ist.

pfropfen ↑ Pfahl, pfropfen

Pfründe

Älteste belegte Form: 9. Jahrhundert.

Nun wird es aber langsam Zeit, dass wir uns ein paar *Pfründe* sichern – etymologisch versteht sich. *Pfründe* (mittelhochdeutsch *pfrüende, pfruonde* «Kirchenamt mit Einkünften, Lebensmittel», althochdeutsch *phruonta* «Unterhalt, Lebensmittel, Aufwand») ist schon früh, unter dem Einfluss von lateinisch *providere* (versorgen), aus mittellateinisch *provenda* (was einem Untergebenen/Geistlichen als Entlohnung zusteht, Reichtum) entlehnt worden. Dies geht auf spätlateinisch bzw. lateinisch *praebenda* (Proviant, das einem von Staats wegen zukommende Versorgungsentgelt) zurück. *Praebenda* wiederum ist ein substantiviertes Gerundivum zu dem Verb *praebere* (darreichen, überlassen, gewähren), einer Zusammensetzung aus der Präposition *prae-* (vor) und dem Verb *habere* (haben, halten).

Pfund ↑ spenden, Speis, Speise, Spind, Pfund

Pfütze

Älteste belegte Form: 9. Jahrhundert.

Geklärt ist die Herkunft von *Pfütze* nicht. Aber vielleicht bis wahrscheinlich ist das Substantiv *Pfütze* (althochdeutsch *pfuzza, puzza*) aus lateinisch *puteus, -a, -um* (das Ausgegrabene, das Ausgestochene, Brunnen, Zisterne) entlehnt worden. Das Adjektiv *puteum* gehört zum Verb *putare* (reinigen, [be]schneiden, [be]rechnen, glauben).

picheln ↑ Pegel, peilen, picheln

Pickelhaube ↑ Becken

Pilger, pilgern

Älteste belegte Form: 8. Jahrhundert.

Heute wird ja wieder gern auf dem Jakobsweg *gepilgert*, um dann buß- oder auch nur fix und fertig in Santiago de Compostela aufzuschlagen. Eifrig *gepilgert* wird aber schon seit undenklichen Zeiten. Das kirchensprachliche Substantiv *Pilger* (mittelhochdeutsch *pilgerīn, pilgerīm*, althochdeutsch *piligrīm*) wurde entlehnt aus vulgärlateinisch/kirchenlateinisch *pelegrinus* (Fremder, Wanderer, Pilger), das von lateinisch *peregrinus* (fremd, ausländisch, Fremdling) abgeleitet ist. Das (substantivierte) Adjektiv gehört zum Adverb *pergre* (über den Acker / das Feld hin, außerhalb der Stadt, im Ausland), das zusammengesetzt ist aus *per* (durch … hindurch, über … hin) und *ager* (Acker, Gebiet). In der ersten Hälfte des 17. Jahrhunderts ist dann auch die weibliche Form *Pilgerin* hinzugekommen und im 18. Jahrhundert das Verb *pilgern*.

Pille, Pillepalle

Älteste belegte Form: 14. Jahrhundert.

«And though she's not really ill / there's a little yellow *pill.* / She goes running for the shelter / of her 'mother's little helper'.» (Mick Jagger / Keith Richard: «Mother's Little Helper») Ob es nun um Valium geht wie im zitierten Stones-Song oder um die tausend anderen Helfer: Im Deutschen wird das Wort *Pille* jedenfalls in dieser Form schon seit dem 14. Jahrhundert verwendet. Entlehnt wurde es aus mittellateinisch *pilla*, von lateinisch *pila* (Ball). Daneben waren wohl noch bis ins 17. Jahrhundert Formen wie frühneuhochdeutsch *pillel(e)* in Gebrauch (spätmittelhochdeutsch *pillule*), die auf lateinisch *pilula* (Bällchen, Kügelchen, Pille) zurückgehen, das natürlich auch zu *pila* gehört. Das Substantiv *pila* wiederum hat zu tun mit *pilus* (Haar), da der Ball zunächst ein

haargefülltes Spielgerät war. Die *Pille*, als Kosewort für «Ball» verwendet, ist dann schon wieder ganz beim Herkunftswort.
Ob die hübsche Reduplikation mit Ablaut *Pillepalle* hierhergehört, ist nicht geklärt. Die Etymologen haben sich um dieses Wort wohl gar nicht gekümmert. Das große Wörterbuch der deutschen Sprache von Duden verweist immerhin auf landschaftlich (besonders rheinisch) *Pill* (etwas Kleines, Stückchen) und gibt die Herkunft als ungeklärt an, hält aber einen Bezug zu lateinisch *pilula* für denkbar. Doch vielleicht ist das ja alles nur *Pillepalle*.

Pilz

Älteste belegte Form: 10. Jahrhundert.
Das Deutsche hat sich dann offensichtlich nicht resistent gezeigt gegen eine *Pilzinfektion*: Schließlich ist es mit dem Wort *Pilz* (mittelhochdeutsch *bülez, bülz*, althochdeutsch *buliz*) infiziert worden, das aus lateinisch *boletus* (Champignon, Pilz) entlehnt wurde. Nicht klar ist, ob lateinisch *boletus* auf griechisch *bōlétēs* zurückgeht oder griechisch *bōlétēs* auf lateinisch *boletus* oder ob beides nichts miteinander zu tun hat. (Auch eine Ableitung von der spanischen Stadt *Boletum* wurde vorgeschlagen. Hm ...)

pingelig ↑ Pein, peinlich, pingelig, verpönt

Pinsel

Älteste belegte Form: 13. Jahrhundert.
Das Substantiv *Pinsel* (mittelhochdeutsch *bensel, pinsel*) ist (vermittelt durch altfranzösisch *pincel*) aus vulgärlateinisch **penicellus* (Pinsel) entlehnt, für lateinisch *penicillus/penicillum* (Pinsel), eine Verkleinerungsform von lateinisch *peniculus* (Schwänzchen, Bürste, Schwamm, Pinsel). Und das wiederum ist eine Verkleinerungsform von lateinisch *penis* (Schwanz, Penis).
Übrigens: Auch die Bezeichnung des Antibiotikums *Penizillin* gehört zu lateinisch *penicillus*. Das Fremdwort ist aus englisch *penicillin*, der Bezeichnung für einen *Pinselschimmelpilz* (Penicillium notatum), entlehnt.

Plage, placken, Plackerei

Älteste belegte Form: 11. Jahrhundert.

Wenn die Erde schon ein Jammertal ist, dann darf ja auch die eine oder andere *Plage* nicht fehlen. Das Substantiv *Plage* (mittelhochdeutsch *plāge, pflāge, vlāge*, althochdeutsch **plāga*) wurde aus kirchenlateinisch *plaga* (Schlag, Verwundung, Strafe des Himmels) entlehnt. Da *Plagen* aber so etwas Neues auch wieder nicht sind, wird man nicht überrascht darüber sein, dass das lateinische Wort seinerseits wohl auf griechisch *plēgḗ* bzw. dorisch *plāgā́* (Schlag, Hieb, Wunde) zurückgeht, das zum griechischen Verb *plḗssein* (schlagen, verwunden) gehört.

Das Verb *plagen* (zunächst: quälen, mit göttlichen Plagen heimsuchen, strafen), aus kirchenlateinisch *plagare* (peinigen, quälen), wird seit dem 15. Jahrhundert auch reflexiv verwendet in der Bedeutung von «sich abmühen, sich quälen». Intensivierend wurde dazu bereits im 15. Jahrhundert umgangssprachlich *placken* gebildet und dazu im 16. Jahrhundert das Substantiv *Plackerei*.

plästern ↑ Pflaster, plästern

Pollen

Älteste belegte Form: «feines Mehl, Mehlstaub» 9. Jahrhundert, «Blütenstaub, Pollen» 14. Jahrhundert.

Der Autor dieses Buches hat unter anderem polnische Vorfahren und war dementsprechend konsterniert, als eine brasilianische Freundin meinte, sie habe eine Polenallergie. Entwarnung: Es ging dann doch um eine *Pollenallergie*. Der botanische Terminus technicus für «Blütenstaub» *Pollen* (mittelhochdeutsch *bolle*, althochdeutsch *polla*) wurde aus lateinisch *pollen* (sehr feines Mehl, Mehlstaub, Staub) im 14. Jahrhundert entlehnt/übernommen. Zuvor waren Entlehnungen in der Bedeutung «feines Mehl, Mehlstaub» schon einige Hundert Jahre in Umlauf. Das lateinische Substantiv *pollen* hat zu tun mit lateinisch *polenta* (Gerstengraupen) und *pulvis* (Staub). (↑ Pulver)

Übrigens: Dass die Bezeichnung für den festen Maismehlbrei *Polenta*, die wir im 20. Jahrhundert aus dem Italienischen übernommen haben, auf lateinisch *polenta* zurückgeht, versteht sich dann wohl von selbst.

predigen, Predigt

Älteste belegte Form: 8. Jahrhundert.

Wasser *predigen* und Wein trinken ist für bestimmte gesellschaftliche Gruppen offenbar eine Pflichtübung. Denn das Verb *predigen* (mittelhochdeutsch *bredigen, predigen*, althochdeutsch *bredigōn, predigōn*) ist schon seit weit über 1000 Jahren vor allem in der Kirchensprache fest verankert. Es geht wie das Fremdwort *Prädikat* auf das lateinische Verb *praedicare* (öffentlich ausrufen, behaupten) zurück, aus der Präposition *prae* (vor) und dem Verb *dicare* (feierlich verkünden), einem Intensivum zu *dicere* (sagen). Die *Predigt* (mittelhochdeutsch *predige, bredige*, althochdeutsch *prediga, brediga*) ist dann für ein Jahrhundert später belegt, entlehnt aus mittellateinisch *predica* (Vortrag, Predigt).

pressen, Presse

Älteste belegte Form: 8. Jahrhundert.

Mit den neuen Techniken des Obst- und Weinbaus, die die Römer mitgebracht hatten, entlehnten die Germanen auch reichlich viel Fachvokabular. Dazu zählen die Wörter *pressen* (althochdeutsch *pressōn*) und *Presse*. Das Verb *pressen* wurde bereits früh aus lateinisch *pressare* (drücken, pressen) entlehnt, einer Intensivbildung zu *premere* (drücken, bedrängen). Jemanden zu *erpressen* kam dagegen erst im 16. Jahrhundert in Mode, jedenfalls das Wort dafür. Auch das Substantiv *Presse* ist eine vergleichsweise alte, nämlich althochdeutsche Entlehnung: *pressa, fressa* (Erstbeleg: 12. Jahrhundert), zumindest in der Bedeutung «Kelter, Wein-/Obstpresse». Zugrunde liegt mittellateinisch *pressa*, was auch zu lateinisch *pressare* bzw. *premere* gehört.

Übrigens: Die spezielleren Bedeutungen «Buchdruckerpresse» (seit etwa 1500), «Gesamtheit aller Druck-Erzeugnisse» (seit Ende des 18. Jahrhunderts) und «Zeitungswesen» (seit Mitte des 19. Jahrhunderts) verdanken sich späteren Entlehnungen aus französisch *presse*, das natürlich die gleichen lateinischen Ursprünge aufweist.

Auf Komposita mit lateinisch *primere* geht eine Reihe von Fremdwörtern zurück, die einerseits aus dem Französischen entlehnt wurden: im 16. Jahrhundert *deprimieren* und *Depression* aus *déprimer* bzw. *dépression*, im 18. Jahrhundert *depressiv* aus *dépressif*, Ende des 19. Jahrhunderts *Impressionismus* aus *impressionisme* und Anfang des 20. Jahrhunderts *Expressionismus* aus *expressionisme*. Andererseits wurde *komprimieren* direkt aus lateinisch *comprimere* (zusammendrücken) entlehnt, im 16. Jahrhundert in der allgemeinen Bedeutung «zusammendrücken» und im 18. Jahrhundert als technisch-physikalischer Terminus; im 19. Jahrhundert entstand *Kompression* aus lateinisch *compressio* (das Zusammendrücken). Zudem wurde im 19. Jahrhundert *Impressum* direkt von lateinisch *impressum* (das Hineingedrückte) übernommen.

proben ↑ prüfen, Probe, proben

Propst

Älteste belegte Form: 8. Jahrhundert.

Die Bezeichnung *Propst* für den Klostervorsteher bzw. den Superintendenten (mittelhochdeutsch *brobest*, althochdeutsch *probost*) ist aus gleichbedeutend spätlateinisch *propos(i)tus* entlehnt, mit Präfixwechsel für lateinisch *praepositus* (Vorgesetzter). Dies ist das substantivierte Partizip II von lateinisch *praeponere* (vorsetzen, voranstellen), das aus der Präposition *prae* (vor) und dem Verb *ponere* (setzen, legen, stellen) zusammengefügt ist.

prüfen, Probe, proben

Älteste belegte Form: 12. Jahrhundert.

Wie lange sich das Verb *prüfen* (mittelhochdeutsch *brüeven, prüeven* «erwägen, beweisen, einschätzen, erproben») schon im Deutschen tummelt, kann man nicht genau sagen. Einen *probaten* Hinweis kann die Lautung geben, und die sagt, dass *prüfen* eine ziemlich frühe Entlehnung sein muss. Sicher ist, dass *prüfen* über vulgärlateinisch *pravare* auf lateinisch *probare* (billigen, prüfen, erproben) zurückgeht. Dieses Verb wiederum ist auf das Adjektiv *probus, -a, -um* (gut, bewährt, rechtschaffen, tüchtig) zu beziehen und das hat mit der Präposition *pro* (für, vor) zu tun. Ebenfalls auf lateinisch *probare* geht das Substantiv *Probe* zurück. Davon abgeleitet ist das Verb *proben*.

Übrigens: Neben dem älteren Lehnwort *prüfen* wird seit etwa dem 15. Jahrhundert das mit romanischer Endung gebildete Fremdwort *probieren* gebraucht, mittelhochdeutsch noch mit der Bedeutung «beweisen, prüfen».

Pulle ↑ Ampel, Pulle

Pult

Älteste belegte Form: 14. Jahrhundert.

Wären wir vielleicht um unsägliches Gesagtes, um die eine oder andere Rede also, herumgekommen, wenn das *Rednerpult* gar nicht erst eingeführt worden wäre? Sei's drum: Das Substantiv *Pult* (mittelhochdeutsch *pulpit/pulpet*) ist jedenfalls aus lateinisch *pulpitum* (Brettergerüst, Kanzel, Pult, Tribüne) entlehnt worden. Im 16. Jahrhundert wurde es im Allgemeinen zu *Pult* verkürzt, wenngleich sich auch *Pulpet* noch bis ins 18., regional bis ins 19. Jahrhundert gehalten hat.

Pulver

Älteste belegte Form: 9. Jahrhundert.

Die Deutschen haben nun wirklich nicht das *Pulver* erfunden – und auch nicht das Wort dafür. Das Substantiv *Pulver* (mittelhochdeutsch/althochdeutsch *pulver* «Pulver, Staub, Asche, Sand») wurde nämlich aus mittellateinisch *pulver* (Staub, Asche) entlehnt, das auf lateinisch *pulvis* (Staub) zurückgeht. (↑ Pollen)

Übrigens: Ebenfalls auf *pulver* und *pulvis* zurück geht *Puder*, allerdings über französisch *poudre* (Staub, Pulver, Puder). In der französischen Schreibweise *poudre* wurde es seit dem 15. Jahrhundert verwendet, in der Schreibweise *Puder* seit dem 17. Jahrhundert.

Punkt

Älteste belegte Form: 14. Jahrhundert.

Um es auf den Punkt zu bringen: Das Substantiv *Punkt* (mittelhochdeutsch *pun[c]t* «Punkt, Mittel-, Zeit-, Ortspunkt, Augenblick, Umstand, Artikel, Abmachung») ist aus dem gleichbedeutenden spätlateinischen *punctus* entlehnt, zu lateinisch *punctum* (das Gestochene, der Einstich, eingestochenes [Satz-]Zeichen), dem Partizip II von *pungere* (stechen). Seit dem 15. Jahrhundert sind wir dann auch *pünktlich* (bzw. könnten es sein), was bis ins 19. Jahrhundert hinein auch im ganz allgemeinen Sinn von «auf den Punkt, sehr genau» verwendet wurde. In diesem Sinne wurde zunächst auch die heute umgedeutete Wendung «pünktlich wie die Maurer» verwendet. (↑ bunt)

Puppe, puppig

Älteste belegte Form: 15. Jahrhundert.

Oft wird ja *puppig* im Sinne von «niedlich» verwendet, nicht selten aber auch im Sinne von «ganz leicht zu machen». In diesem Sinn ist es ziemlich *puppig*, *puppig* von *Puppe* abzuleiten. Das Substantiv *Puppe* (frühneuhochdeutsch *puppe, boppe*) ist aus vulgärlateinisch *puppa* entlehnt worden, das zu lateinisch *pupa* (junges Mädchen, Puppe) gehört.

Übrigens: Neben *pupa* hat das Lateinische auch eine maskuline Form zu bieten, nämlich *pupus* (Junge, Knabe); *pupa* und *pupus* sind verwandt mit *puer* (Junge) und *puella* (Mädchen). Die Verkleinerungsform von *pupa*, nämlich *pupulla* (Mädchen), wurde wie *pupus* im Lateinischen auch als Bezeichnung für die *Pupille* im Auge verwendet (da im Auge das Objekt ja stark verkleinert, quasi als *Püppchen*, erscheinen muss). Diese Sicht der Dinge hat man im 18. Jahrhundert mit der Entlehnung des Fremdwortes *Pupille* aus der Form *pupilla* übernommen. Solch eine Bedeutungsübertragung gab es schon im Griechischen: Dort heißt *kórē* sowohl «Mädchen» als auch «Pupille».

Q

Quitte

Älteste belegte Form: 12. Jahrhundert.

«Ich nehm, gewährt mir die Bitte, / von eurem Bunde die *Quitte*» (freibeuterisch nach Friedrich Schiller). Die Bezeichnung *Quitte* (mittelhochdeutsch *quiten, küten*, althochdeutsch *quitina, kotana, kutin[n]a*) für die entsprechende Frucht ist aus vulgärlateinisch *quidonea/codonea* entlehnt, das zu lateinisch *cydonea/cotonea (mala)* (Quitten[äpfel]) gehört. Und diese lateinischen Bezeichnungen gehen auf griechisch *kydṓnia (mēla)* zurück. Wahrscheinlich ist darüber hinaus ein kleinasiatischer Ursprung. Im Griechischen wurde *kydṓnia* volksetymologisch mit dem Namen des antiken kretischen Ortes Kydōnía verbunden. Die althochdeutschen Nebenformen *cottana* (10. Jahrhundert) und *coʒʒana* (um 1000) gehen dagegen auf die lateinische Pluralform *cottana* bzw. griechisch *kóttana* (kleine syrische Feigen) zurück, die im Laufe der Zeit aber mit dem oben angeführten lateinischen *cotonea* vermischt wurden.

R

Rebe

Älteste belegte Form: 11. Jahrhundert.

«Der Weinberg hängt voll *Reben*, / der Hund an Herrchens Blick. / Der eine hängt am Leben, / der andere am Strick.» (Erhardt 1974: 316) Natürlich brauchte Heinz Erhardt für seinen Gag das Hängen der *Reben*. Aber mal ehrlich: Hängen *Reben*? Trauben ja. Aber *Reben* stehen doch, oder sie kriechen – in gewissem Sinn. Allerdings hängt die Herkunft des Wortes *Rebe* (althochdeutsch *ræba, reba*) wirklich, zumindest ein wenig, in der Luft. Eine ziemlich starke Vermutung geht in Richtung Latein. Danach soll das Substantiv *Rebe* auf das lateinische Verb *repere* (kriechen) zu beziehen sein. Dann wären zunächst die Ausläufer der Pflanze gemeint gewesen. Aber ganz genau weiß man das nicht.

Übrigens: Genaueres weiß man vom *Reptil*. Das Fremdwort wurde im 19. Jahrhundert (wohl beeinflusst vom französischen *reptile*) aus dem kirchenlateinischen *reptile* (Kriechtier) entlehnt, das auf das lateinische Adjektiv *reptilis, -e* (kriechend) zurückgeht, das natürlich wieder auf *repere* zu beziehen ist.

Regel, regeln

Älteste belegte Form: 9. Jahrhundert.

So ein Mönchsleben konnte ja schon streng getaktet sein, je nach *Ordensregel*. Zunächst begegnet uns das Substantiv *Regel* (mittelhochdeutsch *regel[e]*, althochdeutsch *rēgula*) tatsächlich in der Bedeutung «Ordensregel», übernommen aus gleichbedeutend mittellateinisch *regula*, mit kurzem [ɛ]. Das mittellateinische Wort geht auf lateinisch *regula* (Latte, Lineal, Schiene, Richtholz, Richtschnur, Maßstab, Regel), mit langem [e:], zurück, das zum Verb *regere* (gerade richten, lenken, herrschen) gehört. Von *Regel* abgeleitet wurden im 16. Jahrhundert das Verb *regeln*, im 17. Jahrhundert das Adjektiv *regelmäßig* und im 18. Jahrhundert das Adjektiv *regelrecht*.

Übrigens: Das Fremdwort *regulär* (mittelhochdeutsch *regular*) wurde im 16. Jahrhundert aus spätlateinisch *regularis* (zur Schiene gehörig, einer Richtschnur gemäß, regelmäßig) entlehnt, zunächst in der Bedeutung «regelmäßig angeordnet, symmetrisch», ab dem 17. Jahrhundert in der Bedeutung «ordnungsgemäß». Das Fremdwort *regulieren* (mittelhochdeutsch *regulieren* «nach einer Regel ausführen») kommt von spätlateinisch *regulare* (*regeln*, einrichten) und wurde ab Ende des 18. Jahrhunderts fachsprachlich verwendet, ab dem 20. Jahrhundert allgemeinsprachlich in der Bedeutung «in eine bestimmte Ordnung bringen».

Rettich

Älteste belegte Form: 10. Jahrhundert.

Eine ziemlich scharfe Sache ist das, so ein *Rettich*. Das heißt, scharf ist vor allem die Wurzel. Von der hat der *Rettich* auch seinen Namen (weil es in der Küche auf die Wurzel ankommt). Denn über mittelhochdeutsch *rætich, retich* und althochdeutsch *ratih, retih* geht das Wort *Rettich* auf das lateinische Substantiv *radix* (Wurzel) zurück.

Übrigens: Wir haben durchaus nicht vor, uns in nächster Zeit die *Radieschen* von unten anzukucken, aber doch zumindest von ziemlich weit vorn – was die Wortentwicklung angeht. Und vorn, das heißt ganz am Anfang des Auftretens der Bezeichnung *Radieschen* im Deutschen, steht halt das Lateinische. Zugrunde liegt der Verkleinerungsform das Wort *Radies*, das Ende des 17. Jahrhunderts aus dem niederländischen *radijs* entlehnt wurde. Das geht auf das französische *radis* zurück, das auf das italienische *radice* und das endlich wie *Rettich* auf das lateinische *radix* (Wurzel): ein ganz schön weiter Weg.

Auch das Adjektiv *radikal* ist letztlich auf *radix* zu beziehen, allerdings über die spätlateinische Bildung *radicalis* (eingewurzelt). Daraus wurde es als Fremdwort ins Deutsche übernommen, zunächst in der Bedeutung von «angeboren, angestammt, gewachsen». Im 18. Jahrhundert dann wurde *radikal* noch einmal entlehnt, dieses Mal aus dem Französischen, wodurch dem Adjektiv die Bedeutung «grundlegend, gründlich» zuwuchs. Erst ab dem 19. Jahrhundert wird *radikal* unter dem Einfluss des englischen *radical* in der Bedeutung «extrem in der Vertretung und/oder Umsetzung einer Weltanschauung» verwendet.

Riegel, riegeln

Älteste belegte Form: *rigilstab* (Messlatte) 10. Jahrhundert, *rigil* 11. Jahrhundert.

Manche Etymologen schieben dem Lateinischen einen *Riegel* vor, indem sie das Substantiv *Riegel* (althochdeutsch *rigil* «Stange, Querholz, Bolzen zum Verschließen») auf germanische Vorfahren beziehen. Man sucht dann *Riegel* an die Wortgruppe um *Reck*, an die um *Rahe* oder die um *Reihe* anzuschließen; auch auf norwegisch mundartlich *rjå* (Stange zum Trocknen des Getreides) und schwedisch mundartlich *ri* (Pfahl, Stange) wird verwiesen. Andere

Etymologen sehen allerdings in *Riegel* eher eine Entlehnung aus lateinisch *regula* (Leiste, Richtschnur, Maßstab, Regel). Genaues aber weiß man nicht.

Riemen

Älteste belegte Form: 13. Jahrhundert.

Wenn man sich am Riemen reißt und sich ganz ordentlich in die *Riemen* legt, hat man es mit ganz verschiedenen Dingen und Sprachen zu tun. Der Riemen, an dem man sich reißt, ist der Gürtel, den ursprünglich der Soldat in den vorschriftsmäßigen Sitz brachte, damit er einsatzbereit war. Der hat gar nichts Lateinisches. Ganz anders ist das bei den *Riemen*, in die man sich legt. Diese *Riemen* – lange, mit beiden Händen gezogene Ruder – sind am Niederrhein von den Römern verwendet und dann von den Einheimischen übernommen worden und auch das Wort dafür wurde über mittelhochdeutsch *rieme* und althochdeutsch *riemo* aus lateinisch *remus* (Ruder) entlehnt. Das Wort *Riemen* kommt nur im Deutschen und im Niederländischen vor.

rosa

Älteste belegte Form: 18. Jahrhundert.

Das Farbadjektiv *rosa* ist erst relativ spät, nämlich im 18. Jahrhundert, aufgekommen (zuvor hatte man sich im Mittelhochdeutschen mit *rōse[n]var[wec], rœselvar, rōsīn, rōsic* und entsprechend im Neuhochdeutschen mit *rosenfarbig, rosig* beholfen). Entlehnt hat man das Adjektiv *rosa* aus dem lateinischen Substantiv *rosa* (Rose).

Übrigens: Im 20. Jahrhundert wurde dann noch eine weitere Nuancierung des Farbtons eingeführt: *rosé* (zartrosa), von französisch *rosé*, zu französisch *rose* (Rose, rosa).

Rose

Älteste belegte Form: 9. Jahrhundert.

Will man wirklich auf *Rosen* gebettet sein oder in einem Regen aus roten *Rosen* stehen? Das muss doch alles eine ganz schön stachelige

Angelegenheit sein ... Die Bezeichnung *Rose* (althochdeutsch *rōsa*) für Strauch und Blume wurde aus lateinisch *rosa* (Rose) entlehnt. Lateinisch *rosa* wiederum stammt vom gleichbedeutenden dialektalen griechischen *rhōson* ab, zu griechisch *rhōdon* (*u̯rhódon*). Die griechischen Varianten weisen auf kleinasiatische/iranische Quellen (man vergleiche etwa armenisch *vard* [Rose] oder altpersisch **varda* [Rose]).

S

Sack, Säckel

Älteste belegte Form: 8. Jahrhundert.

«Ein alter *Sack* zu sein ist hier nicht schwer / und traurig ist das Leben als Reaktionär», wie es so schön böse in einem Element-of-Crime-Song heißt. Allerdings: Für einen *Sack* ist es eh nicht schwer, alt zu sein, jedenfalls nicht für das Wort *Sack* (mittelhochdeutsch/althochdeutsch *sac*). Das hat einen weiten Weg hinter sich: Schon in germanischer Zeit wurde es aus lateinisch *saccus* (Filter, Sack) entlehnt, das selbst aber schon aus griechisch *sákkos* (Stoff aus Ziegenhaar, daraus hergestellter Sack/Mantel) ins Lateinische geraten ist und noch weiter bis in eine semitische Sprache zurückgeht, vergleiche etwa hebräisch *śaq* (Stoff aus Haar, Sack). Auch den *Säckel* (althochdeutsch *sekkil*), den es zu füllen gilt, können wir hier einordnen. Er ist ähnlich früh von lateinisch *saccellus*, einer Verkleinerungsform von *saccus*, entlehnt worden. *Säckel* wird landschaftlich auch für «Hodensack» verwendet und daraus abgeleitet auch, etwa im Pfälzischen, für «männliche Person» (oft abwertend).

Saibling ↑ Salm, Saibling

Salbei

Älteste belegte Form: 10. Jahrhundert.

Dass *Salbei* ein gesundes Kraut ist, versteht sich eigentlich schon aus dem Namen selbst. Denn *Salbei* (mittelhochdeutsch *salbeie/salveie*, althochdeutsch *salbeia/salveia/salveghe*) ist aus dem mittellateinischen *salvegia* entlehnt worden, das zu lateinisch *salvia* (Salbei) gehört. Und das hat mit *salvus* (gesund) zu tun.

Salm, Saibling

Älteste belegte Form: 10. Jahrhundert.

Vor allem in den Gebieten um den Rhein ist *Salm* eine andere Bezeichnung für Lachs. Entlehnt wurde *Salm* (mittelhochdeutsch *salme*, althochdeutsch *salmo*) aus lateinisch *salmo* (Salm, Lachs). Und auch der *Saibling* (auch: *Sälmling*) der Alpen und Voralpen ist auf *salmo* zu beziehen. Zudem spendiert der *Salm* seiner ganzen Fischfamilie den deutschen Namen *Salmler* (wissenschaftlich: *Characidae*). Den verdankt sie der sogenannten Fettflosse, die sie mit der Fischfamilie der *Salmonidae* (Lachsfische) gemein hat – sonst sind sie aber nicht näher verwandt.

Übrigens: Ob nun *salmo* oder *Salm*, beide kann man wahrscheinlich auf die indogermanische Wurzel **sel-* (springen) beziehen: «Der Salm springt hoch, der Salm springt weit. / Warum auch nicht? Er hat ja Zeit.» (Frei nach Heinz Erhardt) Ganz und gar nichts kann der *Salm* respektive *salmo* für die Bezeichnung der bisweilen recht unangenehmen *Salmonellen*. Dafür muss vielmehr ein amerikanischer Bakteriologe herhalten: Herr Daniel Elmer Salmon.

sauber

Älteste belegte Form: 9. Jahrhundert.

Das war schon eine *saubere* Leistung: der Bedeutungswandel von lateinisch *sobrius* (nicht betrunken, maßvoll, besonnen, sittlich einwandfrei) über vulgärlateinisch *suber* (maßvoll, besonnen), althochdeutsch *sūbar* und mittelhochdeutsch *sūber* zu unserem dann doch eher äußerlichen Verständnis von *sauber*. Dabei stellt *sobrius* eine Verschmelzung der Präposition *se* = *sine* (ohne) mit dem Adjektiv *ebrius, -a, -um* (betrunken, besoffen) dar (↑ sicher).

Schabau

Älteste belegte Form: unsicher.

Auch die Kölsch-Rocker von BAP suchten schon mal den Trost im *Schabau* (Schnaps), wenn ihnen die «Ruut-wiess-blau querjestriefte Frau» zu sehr auf die Nerven ging: «Mir wöhren unjeheuer proletarisch, / die Relevanz der Texte exemplarisch. / Ich saach: 'Jenau, / Clemens, dunn uns zwei *Schabau.*» Dass der gemeine Kölner kein Wässerchen trüben kann, ist vielleicht ein wenig übertrieben. Aber er trübt das Wässerchen eher nicht, sondern trinkt es, wenn es eines nach *savoyischer* Art ist. Denn *Schabau* ist entstanden aus spätlateinisch *aqua sabaudius* (savoyisches Wasser, Wasser aus Savoyen, Wasser nach Art von Savoyen).

Schemel

Älteste belegte Form: 9. Jahrhundert.

Wenn der altrömische Jurist etwas auf die lange Bank schob, war diese wohl ein *scamnum* (Bank). Daraus wurde dann das spätlateinische *scamillus/scamellum* (Bänkchen). So ein *scamellum* könnte aber zum Beispiel auch ein Fußbänkchen gewesen sein. Und in genau dieser Bedeutung wurde aus *scamillus/scamellum* das althochdeutsche *scamil* entlehnt, das schon seit dem Mittelhochdeutschen *schemel* (bzw. heute *Schemel*) geschrieben wird.

Schilf

Älteste belegte Form: 10. Jahrhundert.

An dieser Stelle wollen wir mal in die Binsen gehen, pardon: ins *Schilf* natürlich. Denn *Schilf* (althochdeutsch *sciluf*) wurde aus lateinisch *scirpus* (Binse, Rohr, Ried, Schilf) entlehnt. (Nach Karl Ernst Georges [1806–1895] bzw. seinem «Ausführlichen lateinisch-deutschen Handwörterbuch» soll *scirpus* allerdings ein etruskisches Wort sein.) Zunächst wurde *Schilf* wie sein lateinisches

Pendant als ein Maskulinum verwendet (bei Luther etwa), später wurde es zum Neutrum. Aus dem Umstand, dass die Binse, das *Schilf*, keine Knoten hat, bastelten sich die Römer das hübsche Sprichwort: *quaerere in scirpo nodum* (im *Schilf* einen Knoten suchen = nach Schwierigkeiten suchen, wo keine sind).

Schindel

Älteste belegte Form: 12. Jahrhundert.

Ein *Schindeldach* besteht aus lauter *Dachschindeln* und wie viele Fachwörter des Bauhandwerks ist *Schindel* (althochdeutsch *skintila/skintala/skintula*) aus dem Lateinischen entlehnt, und zwar von *scindula* (Schindel), einer Nebenform von *scandula*. Beide gehören zum Verb *scandere* (steigen).

schreiben

Älteste belegte Form: 8. Jahrhundert.

Wer sich etwas hinter die Ohren *schreibt*, der merkt sich dieses Etwas sehr gut. Dahinter steht der alte Rechtsbrauch, bei Grenzfestlegungen einige Jungen mitzunehmen, die sich die Position der Grenzsteine ganz fest einprägen sollten. Als kleine Gedächtnisstütze hat man die Jungen an jedem Grenzstein ordentlich geohrfeigt. Das hat sich eingegraben. Ganz tief eingegraben, besser gesagt: eingeritzt. Eingeritzt wurden auch die germanischen Runen, und zwar in Stein, Metall oder Holz – etwa in Stäbe aus Buche, eben «Buchstaben». Statt «eingeritzt» könnte man noch besser sagen: «eingerissen», mit «reißen» in der Bedeutung, die noch in «kurz eine Skizze aufreißen» oder in den Substantiven «Grundriss», «Aufriss», «Umriss», «Reißbrett» etc. lebendig ist. Das Verb «ritzen» ist das Intensivum zum Grundverb «reißen». Auf solche Weise zu *schreiben* ist ein mühsames Verfahren, gut geeignet für eine zauberische Geheimschrift, für magische Beschwörungen, aber gar nicht geeignet für eine allgemeine Verkehrsschrift. Die übernahm man denn auch von den Römern und entlehnte mit ihr etwa im Germanischen auch das Verb *schreiben*

(althochdeutsch *scrīban*), aus lateinisch *scribere* (mit einem spitzen Griffel ritzen, reißen, schreiben, verfassen).
Allerdings ist dabei etwas gegen alle Regel geschehen. Eine überaus strenge Regel ist es nämlich, dass Verben, die aus einer anderen Sprache ins Deutsche gelangt sind, grundsätzlich schwach konjugiert werden, etwa: «diskutieren – diskutierte – diskutiert» oder «dissen – disste – gedisst». So wäre für *schreiben* zu erwarten gewesen: *schreiben – *schreibte – *geschreibt*. Wir wissen: Das ist nicht so, *schreiben* ist die einzige, völlig allein stehende Ausnahme, denn es wird stark konjugiert: *schreiben – schrieb – geschrieben.* Das Vorbild ist das Verb, das die Art und Weise, wie Runen produziert wurden, ausdrückt: «reißen – riss – gerissen». So setzt sich das Runenreißen zumindest in den Formen noch bis heute durch. Und auf Englisch «reißt» man auch heute noch ganz vollständig – also nicht nur den Formen nach –, wenn man schreibt: «write – wrote – written».

Schrein

Älteste belegte Form: 9. Jahrhundert.
Es ist so einfach: In einen *Schrein,* da muss was rein – im Althochdeutschen irgendwas, *scrīni* heißt einfach nur «Behälter». Im mittelhochdeutschen *schrīn* waren es meist Geld, Kleider, Dokumente, Tote oder – was wohl am geläufigsten ist – Reliquien. Zurück geht das Wort *Schrein* auf lateinisch *scrinium* (Rohrbehälter für Papiere, Salben etc.).

Schule, Schüler, Schülerin

Älteste belegte Form: 9. Jahrhundert.
Ein aufschlussreiches Beispiel für den, sagen wir: «kreativen» Umgang mit Zitaten bietet Senecas (4 v. Chr. – 65 n. Chr.) satirische Kritik an den wohl recht lebensfernen Philosophenschulen seiner Zeit: «Non vitae, sed scholae discimus» (Nicht für das Leben, sondern für die *Schule* lernen wir) (Seneca 2021: 1082). Das konnten beleidigte Pädagogen nicht auf sich sitzen lassen und ha-

ben es kurzerhand zu dem heute viel bekannteren Sinnspruch umgedreht (pervertiert?): «Non scholae, sed vitae discimus» (Nicht für die *Schule*, sondern für das Leben lernen wir). Dennoch gehen die Substantive *Schule* und *Schüler, Schülerin* aufs Lateinische zurück. *Schule* (mittelhochdeutsch *schuol[e]*, althochdeutsch *scuola*) ist in den Klöstern vielleicht sogar schon lange vor der Zeit, für die das Wort zu belegen ist, im 6. Jahrhundert aus spätlateinisch *schōla* mit gedehntem [o:] (Muße, Ruhe, [wissenschaftlicher] Zeitvertreib in Zeiten der Muße, Unterricht[sstätte]) entlehnt worden. Das Wort gehört zu lateinisch *schola* und stammt seinerseits vom gleichbedeutenden griechischen Substantiv *scholḗ* ab, das zum Verb *échein* (haben, zurückhalten, innehalten) gehört. Die Substantive *Schüler* (mittelhochdeutsch *schuolære, schüelære*, althochdeutsch *scuolāri*) und *Schülerin* (mittelhochdeutsch *schuolerīn, schüelerīn*) haben sich wahrscheinlich aus spätlateinisch *scholāris* (zur Schule gehörig) entwickelt.

Schüssel

Älteste belegte Form: 9. Jahrhundert.

Lange tat die *Schüssel* im Haushalt meist körpernah ihren Dienst: etwa als *Salat-*, *Teig-*, *Wasch-* oder *Kloschüssel*. Heutzutage dagegen ist die Aufgabe als *Satellitenschüssel* recht prominent. Entlehnt wurde das Substantiv *Schüssel* (mittelhochdeutsch *schüȥȥel[e]*, althochdeutsch *scuȥȥila*) wie so viele Wörter des Küchenfachwortschatzes aus dem Lateinischen, vielleicht schon im 6. Jahrhundert von den Germanen. Es stammt von lateinisch *scutula, scutella* (Trinkschale) ab, einer Verkleinerungsform zu lateinisch *scutra* (flache Schüssel, Schale, Platte). Möglicherweise lässt sich *scutra* auf *scutum* (etwas aus Leder, Langschild aus Leder) beziehen.

Schuster

Älteste belegte Form: 13. Jahrhundert.

Das lateinische Substantiv *sutor* (Flickschuster), von *suere* (zusammennähen), war das Vorbild für althochdeutsch *sūtāri*, das ebenfalls den Flickschuster bezeichnete. Allerdings: Da es ja ums Nähen ging, blieb der *Schuster* nicht immer bei seinem Leisten, sondern bisweilen wurde *sūtāri* auch im Sinne von «Schneider» verwendet. Ob *Schuster* oder Schneider: Im Mittelhochdeutschen wurde aus *sūtāri* dann *sūter*. Damit aber kein Zweifel blieb, was denn da genäht wurde, hat man den eigentlich lateinischen Näher deutsch spezifiziert: *schuoch-sūter* (Schuhnäher), was sich schließlich im Spätmittelhochdeutschen über *schuo(ch)ster* zum deutsch-lateinischen *schuster* verschliff.

schwanen ↑ Pfau

segnen, Segen

Älteste belegte Form: 8./9. Jahrhundert.

Nun wollen wir also unseren *Segen* dazu geben: Das Verb *segnen* (mittelhochdeutsch *segenen* «das Zeichen des Kreuzes machen», althochdeutsch *seganōn*) wurde aus lateinisch *signum* ([eingeschnittenes Kenn-]Zeichen) entlehnt, das zum Verb *signare* (bezeichnen) und mittelbar zu *secare* (schneiden) gehört. Das Substantiv *Segen* ist eine entsprechende Rückbildung zu *segnen*.

Übrigens: Auf lateinisch *signum/signare* zurückführen lassen sich auch Fremdwörter wie *Signal, signalisieren, signieren, Signatur, signifikant*. Das Substantiv *Signal* wurde im 17. Jahrhundert aus französisch *signal* entlehnt, das zu lateinisch *signalis* (vorgesehen, ein Zeichen zu geben) gehört. Von *Signal* wurde dann das Verb *signalisieren* abgeleitet. Das Verb *signieren* stammt dagegen direkt von einem lateinischen Wort ab, nämlich von *signare* (mit einem Zeichen versehen), eine Entlehnung des 15. Jahrhunderts, dazu das Abstraktum *Signatur*. Das bildungssprachlich beliebte Adjektiv *signifikant* ist erst im 19. Jahrhundert aus *significans* (Zeichen gebend, weisend auf) entlehnt worden, dem Partizip I des Verbs *significare* (Zeichen geben, weisen auf, anspielen). Letzteres setzt sich zusammen aus *signum* (Zeichen) und *facere* (machen).

Seidel

Älteste belegte Form: 13. Jahrhundert.

Das Substantiv *Seidel* (mittelhochdeutsch *sīdel[īn]*) ist über mittellateinisch *sidulus* (Flüssigkeitsbehälter) aus lateinisch *situla/situlus* (Wassereimer, [Wein-]Krug, Stimmurne) entlehnt worden.

Semmel

Älteste belegte Form: 8. Jahrhundert.

«In die *Semmel* biss der Kater», sollten wir Lateinschüler uns seinerzeit als Merksatz vorsagen, um uns damit lateinische Zahlwörter einzuprägen, und zwar die unregelmäßigen Mulitiplicativa, die nicht wie «quinquies, sexies» (fünfmal, sechsmal) etc. regelmäßig auf *-ies* enden: «semel, bis, ter, quarter» (einmal, zweimal, dreimal, viermal). In gewisser Weise sollten wir da aber Latein mit Latein lernen, denn das Substantiv *Semmel* ist selbst lateinischen Ursprungs. Mit «semel» (einmal) hat *Semmel* allerdings gar nichts zu tun. Das Wort *Semmel* gehört zu den vielen Wörtern des Küchenwortschatzes, die schon sehr früh aus dem Lateinischen entlehnt wurden: *Semmel* (mittelhochdeutsch *semel[e]*, althochdeutsch *semala*) aus *simila* (fein gemahlenes Weizenmehl). Wie griechisch *semídālis* (feines Weizenmehl) stammt das lateinische Wort wohl aus einer orientalischen Sprache, vergleiche syrisch *səmīdā* oder assyrisch *samīdu* (feines Mehl). Man könnte auch auf georgisch *samindali* (Weizen) und *samindo* (Weizenmehl) hinweisen.

Senf ↑ Most, Senf

Sichel

Älteste belegte Form: 9. Jahrhundert.

Auch bei Hammer und *Sichel* geht es nicht ganz ohne Latein, denn das Substantiv *Sichel* (althochdeutsch *sihhila*) ist sehr früh wohl über vulgärlateinisch **sicila* aus lateinisch *secula* (kleine Sichel) bzw. *sicilis* (Sichel) entlehnt worden, das zu lateinisch *secare* (schneiden, mähen) gehört. Die Entlehnung fand vielleicht schon im 6. Jahrhundert ins Germanische statt.

Übrigens: Von *secare* sind zudem die Fremdwörter *Sekante, sezieren, Segment, Sektor* und *Insekt* abgeleitet. Der geometrische Terminus *Sekante* (Gerade, die eine Kurve schneidet) wurde im 16. Jahrhundert aus lateinisch *secans* (schneidend), dem Partizip I von *secare*, entlehnt, das Verb *sezieren* bzw. das Substantiv *Sektion* Anfang des 18. Jahrhunderts aus *secare* bzw. aus dessen Partizip II *sectum* (geschnitten). Das Substantiv *Segment* ist im 16. Jahrhundert aus lateinisch *segmentum* (Schnitt, Einschnitt, Abschnitt) ins Deutsche gelangt wie auch das Substantiv *Sektor* aus Lateinisch *sector* (Abschneider, Kreisausschnitt). *Insekt* schließlich, die Bezeichnung für das Kerbtier, wurde im 17. Jahrhundert aus lateinisch *insectum* (eingeschnitten) eingedeutscht, dem Partizip II von lateinisch *insecare* (einschneiden). Dabei handelt es sich um eine Lehnübersetzung von griechisch *éntomon* (Insekt), zu *entémnein* (einschneiden). Hier geht es um die Körperform der Tiere.

sicher

Älteste belegte Form: 9. Jahrhundert.

Sicher ist *sicher* – nicht immer *sicher* gewesen. Denn das schon früh aus lateinisch *securus* (sorgenfrei, sicher) entlehnte Adjektiv wurde zunächst (althochdeutsch *sichur*) vornehmlich in der Rechtssprache eingesetzt und im Sinne von «schuld-, straffrei» verstanden. Lateinisch *securus* ist aus *se* = *sine* (ohne) und *cura* (Sorge, Achtsamkeit) gebildet (↑ sauber).

Siegel

Älteste belegte Form: 13. Jahrhundert.

Die Herkunft des Substantivs *Siegel* ist nun wirklich kein Buch mit sieben *Siegeln* – darauf kann man getrost Brief (↑ Brief) und *Siegel* geben. Denn das Wort *Siegel* (mittelhochdeutsch *sigel*) ist aus lateinisch *sigillum* (kleine Figur, Bildchen, Abdruck des Siegelrings) entlehnt worden, einer Verkleinerungsform zu lateinisch *signum* ([Kenn-]Zeichen, Bildnis, Siegel).

Silbe

Älteste belegte Form: 8. Jahrhundert.

Mit mehr als einer *Silbe* erwähnen wollen wir das Substantiv *Silbe* (mittelhochdeutsch *silbe, sillabe*, althochdeutsch *sillaba*). Es wurde in den Klosterschulen aus lateinisch *syllaba* (Silbe) entlehnt, das seinerseits aus gleichbedeutend griechisch *syl-labḗ* (das Zusammenfassen, das Zusammengefasste, die zu einer Einheit zusammengefassten Laute) stammt, zum Verb *syl-lambánein* (zusammennehmen, -fassen).

Sims

Älteste belegte Form: 12. Jahrhundert.

Irgendwie erstaunlich: Den architektonischen Terminus technicus *Sims* gibt es in dieser Bedeutung einzig und allein im Deutschen. Entlehnt wurde *Sims* (mittelhochdeutsch *sim[e]ȝ*, althochdeutsch *simiȝstein*) aus so etwas wie mittellateinisch **simatus* (platt gedrückt), zu lateinisch *sima*, das dort allerdings im Sinne von «Regen-, Traufrinne» verwendet wird: «In simis, quae supra coronam in lateribus sunt aedium, capita leonina sunt scalpenda» (Vitruv 1987: 164) (An den Regenrinnen, die sich über der Kranzleiste an den Gebäudelängsseiten befinden, sind Löwenköpfe auszumeißeln). Das Substantiv *sima* gehört zum lateinischen Adjektiv *simus, -a, -um* (aufwärtsgebogen), vergleiche griechisch *sīmós* (mit eingedrückter Nase, aufwärtsgebogen). Hinzu kam im 14. Jahrhundert noch das Kollektivum *Gesims* (ein in der Regel horizontales Bauelement, das eine Fassade in mehrere Abschnitte gliedert).

Socke

Älteste belegte Form: 9. Jahrhundert.

Dann wollen wir uns mal auf die *Socken* machen und die Herkunft des Lehnworts *Socke* klären. Das Substantiv *Socke* (althochdeutsch *soc*) ist eine frühe Entlehnung aus lateinisch *soccus*. Damit war ein leichter Schuh gemeint. Da er meist aus textilen Geweben hergestellt war, konnte das Wort dann leicht die heutige Bedeutung annehmen. Besonders beliebt waren solche Schuhe bei Komödienschauspielern. Und es würde einem kaum die *Socken* ausziehen, wenn die Römer diese Schuhe im griechischen Theater kennengelernt hätten. Denn das lateinische *soccus* geht auf griechisch *sykchís, sýkchos* (eine Art Schuh) zurück.

Übrigens: Darauf geht auch das im 18. Jahrhundert aus französisch *socle* (Sockel) entlehnte Lehnwort *Sockel* zurück, und zwar über italienisch *zoccolo* (Sockel) und lateinisch *socculus* (kleiner Schuh, leichte Sandale), die Verkleinerungsform unseres bekannten *soccus*.

Sohle, sohlen

Älteste belegte Form: 9. Jahrhundert.

Manchmal ist es nicht wirklich übertrieben, ein wenig zu differenzieren, zum Beispiel zwischen *besohlen* und *versohlen*. Beides ist aus dem ursprünglich nur für das Deutsche und Niederländische belegten Substantiv *Sohle* (althochdeutsch *sola*) abgeleitet und das wurde aus vulgärlateinisch **sola* entlehnt, dem als Femininum Singular gedeuteten Neutrum Plural von lateinisch *solum* (Unterfläche, Grundfläche, Grund, Boden, Fußsohle, Schuhsohle). Davon abgeleitet ist das Verb *sohlen* (im 13. Jahrhundert niederrheinisch *solen*), heute oft *besohlen* (seit dem 18. Jahrhundert). Die Unsitte, jemanden zu *versohlen*, darf man wohl als eine sehr, sehr alte voraussetzen, das Verb *versohlen* hat sich dafür allerdings erst im 18. Jahrhundert breitgemacht. Als Terminus technicus des Bergbaus findet man *Sohle* (untere Begrenzungsfläche einer Strecke / einer Grube / eines Stollens, alle auf einer Ebene liegenden Strecken) schon im Mittelhochdeutschen.

Söller

Älteste belegte Form: 9. Jahrhundert.

So ein *Söller* ist in verschiedenen Gegenden bekannt, in vielen als Dachboden, in anderen als Erker, in der Schweiz auch als Boden und in der Architektur als Altan. Das Substantiv *Söller* (mittelhochdeutsch *sölre, soller*, althochdeutsch *solari*) wurde aus dem lateinischen Substantiv *solarium* (der Sonne ausgesetzter Ort, Flachdach, Terrasse, Sonnenuhr) entlehnt, einer Substantivierung des Adjektivs *solarius, -a, -um* (zur Sonne gehörig, mit der Sonne zu tun habend), das von lateinisch *sol* (Sonne) abgeleitet ist.

Übrigens: Das durch Kunstlicht braun machende *Solarium* verbirgt seine Herkunft ja überhaupt nicht.

Spachtel, spachteln, Spatel

Älteste belegte Form: 16. Jahrhundert.

Im Privatbereich kommt der *Spachtel* bekanntlich gern zum Einsatz, wenn man vor oder nach einem Umzug die Löcher, die der Vormieter bzw. man selbst in gestalterischem Elan in die Wand gebohrt oder gemeißelt hat, wieder *zuspachteln* muss. Einen Umzug, besser: eine Vergrößerung des Verbreitungsgebiets, hat auch das Substantiv *Spachtel* (frühneuhochdeutsch *spattel, spathel, spachtel*, spätmittelhochdeutsch *spatel*) hinter sich, und zwar vom Lateinischen ins Deutsche. Dort trat es zunächst noch ohne «ch» auf, wie heute noch in *Spatel*, dem Holz- oder Kunstoffschäufelchen, mit dem Apotheker oder Ärzte zum Beispiel Salbe aufschmieren. Entlehnt wurden *Spachtel* und *Spatel* aus lateinisch *spatula* (kleiner Rührlöffel, Spatel, Schulterblatt), einer Verkleinerungsform von lateinisch *spatha* (Spatel, Weberholz, Kokos- oder Dattelpalme). Dieses lateinische Wort wiederum geht auf griechisch *spáthē* (Weberholz, breites Ende des Ruders, Schulterblatt) zurück. Das Verb *spachteln* ist seit dem 19. Jahrhundert belegt.

Übrigens: Auch das seit dem 17. Jahrhundert belegte Fremdwort *Spalier* geht in beiden Bedeutungen letztlich auf lateinisch *spatha* zurück. Das Substantiv *Spalier* ist nämlich aus italienisch *spalliera* (Schulterstütze, Stütze, Stützgeflecht, Bepflanzung an einem Stützgeflecht) entlehnt, das zu italienisch *spalla* (Schulter) gehört. Dies wiederum stammt von lateinisch *spatula* und *spatha* ab.

Speicher, speichern

Älteste belegte Form: 9. Jahrhundert.

Wenn wir heute von *Arbeitsspeicher* und *speichern*, bezogen auf das

Computern, reden, ist das durchaus eine bildhafte, metaphorische Redeweise. Denn wir haben das Wort *Speicher* vom materialen Haus, der materialen Scheune auf die Computertechnologie übertragen. Unser Lehnwort *Speicher* (althochdeutsch *spīhhāri*) ist aus spätlateinisch *spicarium* (Getreidespeicher) entlehnt. Zugrunde liegt lateinisch *spica/spicum/spicus* (Ähre, eigentlich: Spitze).

spenden, Speis, Speise, Spind, Pfund

Älteste belegte Form: 9. Jahrhundert.

So richtig die *Spendierhosen* an hat das lateinische Verb *pendere*, hat es dem Deutschen doch eine Menge von Lehn- und Fremdwörtern *spendiert* oder *gespendet* – wie man mag.

Da wäre zunächst das Verb *spenden*, das über althochdeutsch *spentōn, spendōn* aus mittellateinisch *spendere* (ausgeben, aufwenden) entlehnt wurde. Das mittellateinische Verb ist auf lateinisch *expendere* (gegeneinander aufwägen, abwiegen, auszahlen, ausgeben, aufwenden) zurückzuführen, aus *e(x)* (aus) und *pendere* (wägen, schätzen, zahlen). Das mit romanischer Endung gebildete Verb *spendieren* (schenken, ausgeben, freihalten) kam zu Beginn des 17. Jahrhunderts hinzu.

Auf *expendere* geht auch das Lehnwort *Speise* (althochdeutsch *spīsa*) zurück, und zwar über das in Klöstern gebräuchliche mittellateinische *spe(n)sa* (Ausgaben, Aufwand, Nahrung). Dem wiederum liegt lateinisch *expensa [pecunia]* (Ausgabe, Aufwand) zugrunde, gebildet aus *expensum*, dem Partizip II von *expendere*. *Speise* wird dann im Mittelhochdeutschen fachsprachlich auch in der Bedeutung «Metallegierung» (für den Glockenguss) verwendet und später als *Speis* auch in der Bedeutung «Mörtel», was sich regional bis heute gehalten hat.

Das Wort *Spind* stammt aus der Kommisssprache und geht auf mittelniederdeutsch *spinde* (Schrank) zurück, das wiederum aus mittellateinisch *spinda, spenda* (Gabe, Vorrat zum Verteilen, Vorratsbehälter) entlehnt ist und ebenfalls zu *spendere* gehört.

Sehr früh wurde schließlich auch das Gewichtsmaß *Pfund* entlehnt, und zwar aus lateinisch *pondo* (dem Gewichte nach, Pfund), das ebenfalls zu *pendere* gehört.

Übrigens: Das Verb *pendere* und seine Komposita waren auch darüber hinaus für den deutschen Wortschatz ganz schön produktiv. So wurde aus dem substantivierten Partizip II *pensum* (Tagesarbeitssoll) im 17. Jahrhundert das Fremdwort *Pensum* entlehnt. Ursprünglich war mit *pensum* die Menge an Wolle gemeint, die einer Spinnerin als Tagesarbeit zugewiesen wurde. Über italienisch *spesa* (Ausgabe, Aufwand) sicherte *expensa [pecunia]* uns auch unsere *Spesen*. Letztlich geht außerdem das Fremdwort *Pension*, das im 15. Jahrhundert aus dem Französischen entlehnt wurde, auf *pendere* zurück, und zwar über das entsprechende lateinische Substantiv *pensio* (das Abwägen, die Bezahlung). Zunächst wurde *Pension* im Sinne von «Gehalt, Besoldung» verwendet, ab dem 18. Jahrhundert dann im Sinne von «Altersrente». Schon um 1700 war auch die Bedeutung «Kostgeld, Beiträge für Kost und Logis in einer Erziehungsanstalt» üblich. Da lag es vielleicht nahe, dass ab dem 18. Jahrhundert auch diese Anstalten selbst mit *Pension* bezeichnet wurden und ab dem 19. Jahrhundert auch «Fremdenunterkünfte» allgemein.

Spiegel

Älteste belegte Form: 9. Jahrhundert.

Dann wollen wir uns mal den *Spiegel* vorhalten: Das Substantiv *Spiegel* (althochdeutsch *spiegal*) ist über die mittellateinische Variante *speglum* aus lateinisch *speculum* (Spiegel) entlehnt worden, das aus dem Verb *specere* (sehen) abgeleitet ist.

Übrigens: Von *specere* (Partizip II: *spectus, -a, -um*) und seinen Komposita sind gleich eine ganze Reihe von Fremdwörtern abgeleitet, etwa: *Aspekt* (15. Jahrhundert aus lateinisch *aspectus* [das Hinsehen]), *inspizieren/Inspizient* (um 1800 / 19. Jahrhundert aus lateinisch *inspicere* [hineinsehen]), *Inspektion/Inspektor* (16. Jahrhundert aus lateinisch *inspectio* [Besichtigung] bzw. *inspector* [Besichtiger]), *Perspektive* (16. Jahrhundert aus mittellateinisch *ars perspectiva* [hindurchblickende Kunst], zu spätlateinisch *perspectivus* [hindurchblickend]), *Prospekt* (17. Jahrhundert aus lateinisch *propectus* [Aussicht]) und *Respekt/respektieren* (16. Jahrhundert aus gleichbedeutend französisch *respect*, zu lateinisch *respectus* [das Zurückblicken, Rücksicht]). Auf *specere* zurück gehen auch

Fremdwörter wie *spezial/Spezialität* (15. Jahrhundert aus lateinisch *specialis* [eigentümlich] bzw. 17. Jahrhundert aus spätlateinisch *specialitas* [Eigenheit, Eigentümlichkeit], beides zu lateinisch *species* [Aussehen, Eigenheit]); in diesen Kreis gehören auch *speziell, spezialisieren/Spezialist, Spezi* und *spezifisch*.

Steppke ↑ stopfen, Stopfen, stoppen, Stöpsel, Steppke

Stiel, Stil

Älteste belegte Form: 8. Jahrhundert.

Ob *Stielbruch* oder *Stilbruch*: Beides kann unangenehme Folgen haben. Das Substantiv *Stiel*, das weiß man, bedeutet eigentlich schon fast immer sowohl «stabartiger Griff an Geräten» als auch «Pflanzenstängel». Was man nicht so genau weiß, ist, ob *Stiel* ein Erbwort aus dem Germanischen ist und damit indoeuropäisch urverwandt mit lateinisch *stilus* (aufrecht stehender spitzer Gegenstand, Stiel, Stängel, Griffel, Ausdrucksweise, Schreibart, Stil) oder ob das lateinische *stilus* als gärtnerischer Fachausdruck ins Deutsche bzw. Germanische entlehnt wurde (was wohl wahrscheinlicher ist). Dagegen ist *Stil* ganz sicher aus lateinisch *stilus* entlehnt. Seit dem 15. Jahrhundert ist das Wort belegt.

stopfen, Stopfen, stoppen, Stöpsel, Steppke

Älteste belegte Form: 9. Jahrhundert.

Besonders beim Bankkonto ist es manchem durchaus vertraut, dass sich immer wieder Löcher auftun, in denen das mühsam Erworbene sogleich wieder unauffindbar verschwindet. Ach, könnte man diese Löcher doch einmal endgültig *stopfen* ... Mit Werg? Warum ausgerechnet damit? Nun, weil das im Wort *stopfen* gewissermaßen drinsteckt, geht dieses doch über althochdeutsch *(bi-, ver) stopfōn* und mittellateinisch *stuppare* (ein Loch schließen) auf lateinisch *stuppa* (Werg) zurück. Ursprünglich bedeutete auch das deutsche Verb so viel wie «ein Loch schließen», später bekam es die Bedeutung «füllen» und «hineinstecken». Die Verwendung «etwas mit Nadel und Faden ausbessern» wurde erst im 18. Jahr-

hundert üblich. Die niederdeutsche Form *stoppen* wird seit dem 16. Jahrhundert auch im Sinne von «auf-, anhalten» verwendet. In der Jagd-, See- und Sportsprache hat auch englisch *to stop* (anhalten) die Bedeutung beeinflusst.
Nicht vergessen wollen wir in dieser Reihe natürlich auch den *Stöpsel* als niederdeutsche Version von *Stopfen* und das berlinerische Wort *Steppke*. Das lateinische Substantiv *stuppa* ist seinerseits übrigens aus dem griechischen *stýppē* (Werg) entlehnt.

Stoppel

Älteste belegte Form: 16. Jahrhundert.
Das eigentlich niederdeutsche Substantiv *Stoppel* (mittelhochdeutsch *stupfel, stoppele*, althochdeutsch *stuphila*, mittelniederdeutsch/niederländisch *stoppel*) hat sich über Martin Luther auch im Neuhochdeutschen verbreitet. Einiges spricht dafür, dass es aus spätlateinisch *stupula* (Strohhalm) entlehnt ist, zu lateinisch *stipula* (Halm). Von *Bartstoppeln* spricht man seit dem 17. Jahrhundert.

stoppen ↑ stopfen, Stopfen, stoppen, Stöpsel, Steppke

Stöpsel ↑ stopfen, Stopfen, stoppen, Stöpsel, Steppke

Straße

Älteste belegte Form: 8. Jahrhundert.
Wenn man auf die *Straße* gesetzt wird, sitzt man geradezu mit dem Hintern auf dem Lateinischen. Denn *Straße* (mittelhochdeutsch *strāze*, althochdeutsch *strāza*) ist eine Entlehnung aus spätlateinisch *via strata* (gepflasterter Weg), mit *via* (Weg) und *strata* (gepflastert), dem Partizip II von *sternere* (ausbreiten, streuen, pflastern).

Striegel, striegeln

Älteste belegte Form: 9. Jahrhundert.

Das Substantiv *Striegel* (althochdeutsch *strigil*) ist schon früh aus lateinisch *strigilis* (Schabeisen zum Abreiben der Haut) entlehnt worden, das zum lateinischen Verb *stringere* (abstreifen, -scheren, zusammenziehen) gehört. Lateinisch *stringere* ist indogermanisch verwandt mit deutsch *streichen* oder englisch *to strike*.

Übrigens: Auch die Partizipien von *stringere* lieferten fleißig ins Deutsche: Das Partizip I *stringens, -tis* wurde zum Fremdwort *stringent*, das Partizip II *strictus, -a, -um* zum Fremdwort *strikt*. Und auch ein gewisses *Prestige* können wir *stringere* nicht absprechen, denn das ist letztlich auf ein Kompositum von *stringere*, nämlich auf *praestringere* (zuschnüren, blenden), zurückzuführen. Direkt haben wir das *Prestige* aus dem Französischen (19. Jahrhundert) entlehnt. Das Wort geht auf spätlateinisch *praestigia/praestigium* (Gaukelei, Blendwerk) zurück, das wiederum zum schon genannten Verb *praestringere* gehört.

T

Teufel

Älteste belegte Form: 8. Jahrhundert.

«Der *Teufel* reitet durch Frankreich» (Hasenclever 1996: 265) – und wer weiß, wodurch sonst noch. Belegt ist sein Vorkommen ja nicht nur für das Detail, sondern auch für Redensarten ohne Ende. Die *teuflische* Wortgeschichte hat es aber auch in sich: Zunächst ist nicht ganz klar, ob das Wort *Teufel* (mittelhochdeutsch *tiuvel, tievel*, althochdeutsch *tiufal*) über die arianische Mission aus gotisch *diabaúlus, diabulus* ins Deutsche gelangt ist oder ob es wie das gotische Wort direkt aus kirchenlateinisch *diabolus, diabulus* entlehnt wurde. Jedenfalls verdrängte es ab dem 8. Jahrhundert die entsprechende heimische Bezeichnung «unholdo». Das kirchenlateinische Wort geht auf griechisch *diá-bolos* (verleumdend, schmähend, Verleumder) zurück. (Im Alten Testament steht *diábolos* ganz allgemein für «Widersacher, Feind», während im Neuen Testament explizit der *Teufel* gemeint ist.) *Diá-bolos* ist zu beziehen auf das Verb *dia-bállein* (durcheinanderwerfen, entzweien, schmähen), eine Zusammensetzung von *dia* (auseinander, durch, hindurch, zwischen) und *bállein* (werfen, treffen).

Übrigens: Auch die Bezeichnung *Satan* (althochdeutsch *satanās*) führt zunächst über kirchenlateinisch *satan, satanas* ins Griechische, und zwar zu *satanás*, das dann aber noch bis zu hebräisch *śạṭạn* (Widersacher, Feind, böser Engel) und schließlich bis zum Verb *śạṭạn* (nachstellen, verfolgen) weiterverfolgt werden kann.

Die Rolling Stones forderten bekanntlich einst etwas «sympathy for the *devil*» ein und ließen in ihrem berühmten Song den *Teufel* selbst zu Wort kommen: «Just call me *Lucifer*.» Die kirchenlateinische Bezeichnung *Luzifer* für den *Teufel* ist ursprünglich der Beiname der Venus, des Morgensterns. Denn als Morgenstern bringt Venus das Licht und *Luzifer* heißt nichts anderes als «Lichtbringer», von lateinisch *lux* (Licht), Genitiv: *lucis*, und *ferre* (tragen, bringen). Dass die Bezeichnung *Luzifer* dann von der Venus auf den *Teufel* übergegangen ist, lässt sich zurückführen auf den Mythos, die Venus sei auf den *Teufel* gestürzt, den von Gott abgefallenen Engel: «Wie bist du vom Himmel gefallen, Glanzgestirn, Sohn der Morgenröte! Wie bist du zu Boden geschmettert, du, der alle Völker versklavte!» (Jesaja 14,12)

T(h)unfisch

Älteste belegte Form: 16. Jahrhundert.

Die Bezeichnung *T(h)unfisch* des ebenso schmackhaften wie in seinem Bestand hochgefährdeten Meeresbewohners ist aus lateinisch *thynnus, thunnus* entlehnt. Zugrunde liegt griechisch *thýnnos*, das wohl auf das Phönizische zurückgeht, vergleiche etwa hebräisch *tannīn* oder arabisch *tinnin* (großer Fisch).

Übrigens: Ein Lehnwort ist *T(h)unfisch* eigentlich nur in der Schreibweise *Tunfisch*. In der von Duden empfohlenen Schreibweise *Thunfisch* ist es ein Fremdwort.

Tiegel

Älteste belegte Form: 11. Jahrhundert.

Wie man auch in diesem Werklein sieht, sind die Sprachen echte *Schmelztiegel*, die aus allem Möglichen einschmelzen, was sie brauchen. Offenbar brauchte man irgendwann dringend das Substantiv *Tiegel* (mittelhochdeutsch *tegel*, *tigel* «[Schmelz-]Tiegel», althochdeutsch *tegel* «irdener Topf») und hat es halt (nach der zweiten Lautverschiebung) aus spätlateinisch/lateinisch *tegula* (Bratpfanne) entlehnt, das wiederum auf das gleichbedeutende griechische *tágēnon*/*tḗganon* zurückgeht und nicht mit dem gleichlautenden, aber nicht verwandten *tegula* (Dachziegel) zu verwechseln ist (↑ Ziegel).

Tiger

Älteste belegte Form: 12. Jahrhundert.

Ein ordentlicher *Tigersprung* ist es schon von unserem Substantiv *Tiger* (mittelhochdeutsch *tigertier*, althochdeutsch *tigirtior*) bis zu den Ursprüngen des Wortes. Zunächst einmal haben wir die Bezeichnung für die große Katze von lateinisch *tigris* entlehnt, das seinerseits von griechisch *tígris* hergeleitet ist. Es wird jedoch vermutet, dass das Wort iranisch vermittelt wurde und seinen Ursprung in einer orientalischen Sprache hat.

Übrigens: Selbst geklöppelt (oder hübsch lehnübersetzt) haben wir so schöne Ableitungen und Zusammensetzungen wie: *tigern*, *getigert*, *Tigersprung*, *Tigerstaat*, *Papiertiger*, *Stubentiger*, *Haarfestiger* (ups, das nehmen wir gleich wieder zurück) usw.

Tinte

Älteste belegte Form: 8. Jahrhundert.

Ganz schön in der *Tinte* sitzen wir natürlich mal wieder nur dank der alten Römer. Denn *Tinte* wurde über mittelhochdeutsch *tin(c)te* und althochdeutsch *tincta* aus dem mittellateinischen *aqua tincta* (gefärbtes Wasser) entlehnt. Zugrunde liegt das Partizip II *tinctum* (gefärbt) des lateinischen Verbs *ting(u)ere* (befeuchten, färben).

Übrigens: Auch die im 16. Jahrhundert aus lateinisch *tinctura* (das Färben) entlehnte *Tinktur* geht letztlich auf *ting(u)ere* zurück. Sprachlich verwandt sind ferner *tinguere* und das deutsche Verb *tunken*, sie gehen auf eine gemeinsame indoeuropäische Wurzel zurück.

Tisch

Älteste belegte Form: 9. Jahrhundert.

In manchen Haushalten kann man ja vom Boden essen: Es liegt ja genug herum. Andere bevorzugen es, von einem *Tisch* zu essen. Das Substantiv *Tisch* (althochdeutsch *tisc* «Schüssel, Tisch») wurde früh aus lateinisch *discus* (Wurfscheibe, flache Schüssel, Platte) entlehnt. Das lateinische Wort wiederum geht auf griechisch *dískos* ([Wurf-]Scheibe, Teller, Schüssel) zurück und *dískos* gehört zum Verb *diskeīn* (werfen).

Nur: Wie kommt man vom Werfen zum *Tisch*? Gut, von der Wurfscheibe zur (flachen) Schüssel ist es wirklich nicht weit. Aber von der Schüssel gleich zum *Tisch*? Nun, der Wandel der Bedeutung soll sich dadurch erklären, dass man früher (sehr früh, zum Beispiel bei den alten Germanen) zu den Mahlzeiten üblicherweise für jede Person mit einem eigenen Tischchen aufwartete, das aber praktischerweise auch gleich als Essschüssel fungierte (so zumindest der römische Geschichts- und Dolle-Geschichten-Schreiber Tacitus).

Übrigens: Die Bezeichnung *Diskus* für das leichtathletische Geschoss wurde – humanistisch überraschend? – erst um 1800 aus dem Lateinischen übernommen, während die *Diskothek* in den 1930er-Jahren aus französisch *discothèque* entlehnt wurde und zunächst einfach eine «Schallplattensammlung» war (analog zur Bibliothek, heute meist «Phonothek»). In den 1960er-Jahren gewinnt *Diskothek*, angelsächsisch beeinflusst, die Bedeutung «Tanzlokal» hinzu, das Biotop des *Discjockeys*. Und um die Jahrtausendwende schließlich machten sich digitale *Discs* breit: *CD* (*compact disc*), *DVD* (*digital versatile disc*), *Harddisk*, *Floppy Disk* usw.

Ton

Älteste belegte Form: 13. Jahrhundert.

Habt ihr *Töne*? Ja, schon recht lange, denn der gute (und jeder andere) *Ton* (mittelhochdeutsch *tōn, dōn* «Melodie, Lied, Laut, Ton, Stimme», althochdeutsch *tonus* [noch in der lateinischen Variante]) ist aus lateinisch *tonus* (das [An-]Spannen, Spannung der Saiten, Ton, Laut, Klang) entlehnt. Lateinisch *tonus* ist wiederum aus gleichbedeutend griechisch *tónos* übernommen, das zum Verb *teínein* ([an]spannen, dehnen) gehört.

Tonne

Älteste belegte Form: 9. Jahrhundert.

Sowohl das Gefäß als auch das Gewichtsmaß *Tonne* (mittelhochdeutsch *tunne, tonne*, althochdeutsch *tunna*) sind aus mittellateinisch *tunna* (Fass) entlehnt, das möglicherweise ins Keltische verweist.

torkeln

Älteste belegte Form: 10. Jahrhundert.

Dass man *torkeln* gern mit Alkohol verbindet, kommt nicht von ungefähr: Das Verb *torkeln* (spätmittelhochdeutsch *torkeln*) wurde aus mittellateinisch *torculare* (keltern) entlehnt, das von mittellateinisch *torcula* bzw. lateinisch *torculum* (Kelter) abgeleitet wurde. Dies gehört zu lateinisch *torquere* ([ver]drehen). Das Substantiv *Torkel* ist ein anderes Wort für Kelter (↑ Kelter). Entweder diente das schwankende Stampfen beim Keltern als Vergleich für das Schwanken eines Betrunkenen oder die unrunde Bewegung der Kelter/*Torkel*.

Übrigens: Auf *torquere* geht auch das Fremdwort *Tortur* zurück. Es wurde im 16. Jahrhundert aus mittellateinisch *tortura* (Qual, Folter) entlehnt, das auf lateinisch *tortura* (Krümmung, Verrenkung) zurückgeht, das seinerseits zum Verb *torquere* (drehen, verdrehen, foltern) gehört (übrigens indogermanisch verwandt mit *drechseln*). Und auch die *Retorte* soll hier erwähnt sein, die nach ihrem nach unten gedrehten Hals benannt ist. Denn das Fremdwort *Re-*

torte wurde im 16. Jahrhundert aus mittellateinisch *retorta* (die Zurückgedrehte) entlehnt, dem substantivierten Partizip II des Verbes *retorquere* (zurückdrehen).

trachten

Älteste belegte Form: 8. Jahrhundert.

Zu den am wenigsten schmückenden Trachten zählen ja die Zwietracht und die Niedertracht, die wohl auf das heimische Verb «tragen» zu beziehen sind, während, wer nach Höherem *trachtet*, nur allzu bald ins Lateinische verwiesen ist. Denn das Verb *trachten* geht über das althochdeutsche *trahtōn* auf lateinisch *tractare* (herumzerren, behandeln) zurück und dies wiederum als Intensivum auf *trahere* (ziehen).

Während man *trachten* durchaus als etwas gehoben betrachten kann, ist die Präfixbildung *betrachten* wirklich als ganz gebräuchlich zu betrachten. Das entsprechende althochdeutsche *bitrahtōn* bedeutete allerdings zunächst wie *trachten* so viel wie «bedenken, streben» und gewann erst in frühneuhochdeutscher Zeit (15. Jahrhundert) über «nachdenklich ansehen» die heute übliche Bedeutung. In *Betracht* zu ziehen und in die *Betrachtungen* einzuschließen sind hier selbstredend auch *Betracht, Anbetracht* und *Betrachtung.*

Übrigens: Als überaus produktiv erweist sich das lateinische Verb *trahere* im Fremdwortbereich. Es liegt Fremdwörtern zugrunde wie *abstrahieren* (im 16. Jahrhundert aus *abstrahere* [abziehen, wegziehen] entlehnt, aus der Präposition *a/ab* [von ... weg, von] und *trahere* [ziehen]), *abstrakt* (im 15. Jahrhundert aus mittellateinisch *abstractus* [nur begrifflich] entlehnt) und *Abstraktion* (Ende des 16. Jahrhunderts aus spätlateinisch *abstractio* [Begriffsbildung, Verallgemeinerung] entlehnt). Auf *trahere* zurück gehen auch das Substantiv *Attraktion* (im 16. Jahrhundert als naturwissenschaftlicher Fachbegriff entlehnt aus englisch *attraction*, das über französisch *attraction* auf spätlateinisch *attractio* [Anziehungskraft] zurückgeht, zu *attrahere* [an sich ziehen, heranziehen], aus der Präposition *ad* (an, bei, zu) und dem Verb *trahere*, heutige Bedeutung erst ab dem 19. Jahrhundert aus dem Zirkuswesen) und das Adjektiv *attraktiv* (im 16. Jahrhundert in der allgemeinen Bedeutung «anziehend» aus lateinisch *attractivus* [anziehend] entlehnt).

Weitere Fremdwörter bildet *trahere* mit den Präpositionen *e, ex* (aus), *cum/con* (mit) und *sub* (unter): *extrahieren* (16. Jahrhundert) und *Extrakt* (16. Jahrhundert), *kontrahieren* (16. Jahrhundert), *Kontrahent* (16. Jahrhundert) und *Kontrakt* (15. Jahrhundert) sowie *subtrahieren* (15. Jahrhundert) und *Subtraktion* (16. Jahrhundert). Das Substantiv *Porträt* wurde im 17. Jahrhundert aus gleichbedeutend französisch *portrait* entlehnt, dem substantivierten Partizip II des altfranzösischen Verbs *po(u)rtraire* (entwerfen, darstellen), das zurückgeht auf lateinisch *protrahere* (hervorziehen, ans Licht bringen), mit der Präposition *pro* (vor).

Ohne Präposition wurden gebildet *Traktor* (im 20. Jahrhundert aus englisch *tractor* entlehnt), *Trakt* (im 15. Jahrhundert aus dem lateinischen Substantiv *tractus* [das Ziehen, das Sich-Hinziehen, Ausdehnung, Gegend] entlehnt) sowie *Traktat* (14. Jahrhundert) und *traktieren* (15. Jahrhundert), die über *tractare* auf *trahere* zurückgehen. Beim *Training* brauchen wir etwas länger, um bei *trahere* zu landen. Der seit dem 19. Jahrhundert zunächst für den Pferdesport belegte Terminus ist aus englisch *to train* ([auf]ziehen, erziehen, abrichten) entlehnt, das sich aus französisch *traîner* (ziehen, nachziehen, nachschleppen) herleitet. Das französische Verb geht wiederum auf ein vulgärlateinisches Verb **traginare* (ziehen, schleppen) zurück, eine Bildung zu vulgärlateinisch **tragere*, das sich aus dem nun sattsam geläufigen *trahere* (puh, endlich!) entwickelt hat.

Tresen

Älteste belegte Form: 13. Jahrhundert.

Das Substantiv *Tresen* (althochdeutsch *triso, treso* «Schatzkammer, Geldkasten», später «Geldschublade in der Theke») ist aus lateinisch *thesaurus* (Schatz) entlehnt, das wiederum auf griechisch *thēsaurós* (Schatz[kammer], Geldkiste) zurückgeht. Die Bedeutung «Theke, Ladentisch» hat sich erst im 18. Jahrhundert entwickelt.

Übrigens: Auf *thesaurus* geht über französich *trésor* auch das Fremdwort *Tresor* zurück.

Trichter

Älteste belegte Form: 13. Jahrhundert.

Die römische Weinbaukultur hat die Germanen so begeistert, dass sie diese flugs übernommen haben und damit auch viele Wörter dieses Arbeitsgebiets. Eines davon ist *Trichter*, das über mittelhochdeutsch *trahter, trehter, trihter* und spätalthochdeutsch *trahtāri, trahter, traehter* aus lateinisch *traiectorium* (Hinüberwerf-, Hinüberschüttgerät) entlehnt wurde. Das Substantiv *traiectorium* gehört zu *traicere* (hinüberwerfen, -bringen, -schütten), aus *trans* (hinüber) und *iacere* (werfen, schleudern).

Das Verb *eintrichtern* ist seit dem 16. Jahrhundert belegt, allerdings zunächst nur in der wörtlichen Bedeutung «Flüssigkeit durch einen Trichter einfüllen». Die übertragene Bedeutung «jemandem etwas mühsam beibringen» kam erst im 18. Jahrhundert hinzu.

tünchen, Tünche

Älteste belegte Form: 9. Jahrhundert.

Unschönes oder Unebenheiten *übertüncht* man ja schon mal gern, das heißt, man verkleidet sie: so etwa die zu wohlgenährten Leiber römischer Senatoren mit einer *Tunika* und einer schicken Toga oder raue Fassaden mit einem hübschen Kalkputz, einer *Tünche*. Letztere hat sich die Bezeichnung von Ersterer ausgeliehen. Denn über althochdeutsch *tunihhōn* gehen *tünchen* und *Tünche* auf das lateinische *tunica* (Tunika, Untergewand) zurück. Allerdings: Das Wort *tunica* haben auch die Römer nicht selbst erfunden, sondern aus dem Semitischen, wahrscheinlich Phönizischen (vielleicht über das Etruskische), übernommen, vergleiche zum Beispiel hebräisch *kutonet* (Unterkleid) oder aramäisch *kithuna*.

Turteltaube, turteln

Älteste belegte Form: 9. Jahrhundert.

Die *Turteltauben* heißen nicht so, weil sie *turteln*, sondern weil lateinisch *turtur Turteltaube* bedeutet, das heißt, weil *Turteltaube* von *turtur* abgeleitet ist. (Bemerkenswerterweise bezeichnet im Lateinischen *turtur* [*marina*] auch den Stechrochen – anstelle des für Rochen auch verwendeten Wortes *trygon*, das eigentlich griechisch ist.)

Übrigens: Der Kenntnis von uns Scheinzwergen entzieht sich gänzlich, ob auch der Scheinriese Herr Tur Tur hierhergehört: eher unwahrscheinlich. Bezieht sich sein Name womöglich gar auf lateinisch *turris* (Turm)? Naja, egal ...

U

Ulme

Älteste belegte Form: 12. bzw. 15. Jahrhundert.

Ist *Ulme* ein Lehnwort oder ein Erbwort oder ein bisschen beides? Genau wissen das die Etymologen offenbar nicht. *Ulme* ist als *ulme* seit dem 15. Jahrhundert belegt, aber als *ulmboum* schon seit dem 12. Jahrhundert und könnte von lateinisch *ulmus* (Ulme) entlehnt sein. Denkbar ist wohl auch, dass das germanische Wort (mittelhochdeutsch *elmboum, elm[e], ilmboum, ilm*, althochdeutsch *elm[o]*) vom lateinischen *ulmus* ein wenig überformt wurde. Jedenfalls sind sowohl die germanischen/deutschen Bezeichnungen wie auch der lateinische Name auf die gemeinsame indogermanische Wurzel **el-, ol-* (rötlich, bräunlich glänzend) zu beziehen, sind also indogermanisch urverwandt.

umzingeln

Älteste belegte Form: 16. Jahrhundert.

Das Verb *umzingeln* ist mithilfe eines Präfixes aus mittelhochdeutsch *zingeln* (eine Stadt mit Schanzen umgeben) gebildet, zu mittelhochdeutsch *zingel* (Umschanzung). Dieses Substantiv ist entlehnt aus lateinisch *cingula/cingulum/cingulus* (Umschanzung), das zu lateinisch *cingulum* (Gürtel) gehört, dem wiederum das Verb *cingere* (umringen, -gürten, -geben) zugrunde liegt.

Urne

Älteste belegte Form: 16. Jahrhundert.

Die Bezeichnung *Urne* wurde aus lateinisch *urna* (Wasser-, Aschekrug, Topf, Lostopf) entlehnt. Viel früher war in Südtirol, Bayern und Südostdeutschland aus lateinisch *urna* schon *Urn* (mittelhochdeutsch *urn*) als Flüssigkeitsmaß (besonders für Wein) entlehnt worden, das bis ins 19. Jahrhundert gebräuchlich war (da endete ein *Urnengang* auch schon einmal feucht-fröhlich). Seit Anfang des 19. Jahrhunderts wird *Urne* auch häufig kurz für *Wahlurne* gebraucht.

Veilchen

Älteste belegte Form: 11. Jahrhundert.

Das *Veilchen*, das uns am Wege oder im ungünstigeren Fall auch mal rund ums Auge blüht, war früher einmal eine veritable *Vei(e)l*, im Mittelhochdeutschen eine *viel*, im Frühmittelhochdeutschen eine *viol(e)* und im Althochdeutschen eine *viola* – und damit eigentlich dasselbe wie im Lateinischen, wo *viola* «Levkoje, Veilchen» bedeutet. Lateinisch *viola* und das verwandte griechische Pendant *íon* sind wohl voneinander unabhängig aus einer gemeinsamen Quelle entlehnt worden. Diese Quelle könnte eine nichtindogermanische Sprache aus dem Mittelmeerraum sein.

verdammen

Älteste belegte Form: 9. Jahrhundert.

«*Verdamp* lang her, *verdamp* lang, *verdamp* lang her» (BAP), dass die Kirche damit angefangen hat, mit ewiger *Verdammnis* (mittelhochdeutsch *verdam[p]nisse*) zu drohen. Das Verb *verdammen* (mittelhochdeutsch *verdam[p]nen*, althochdeutsch *firdamnōn*) wurde aus lateinisch *damnare* (büßen [lassen], verurteilen, verwerfen) entlehnt. Dieses Verb wiederum ist aus dem Substantiv *damnum* ([Geld-]Buße, Verlust, Schaden, Nachteil) abgeleitet und wurde auf die christliche Bedeutung «aus der göttlichen Gnade ausstoßen» verkürzt. Ein witziger Zufall will, dass die deutsche mundartliche Form mit «p» (*verdamp*) schon im Altlateinischen auftrat, dort hieß es nämlich noch *dampnum*.

verpönt ↑ Pein, peinlich, pingelig, verpönt

Vettel

Älteste belegte Form: 15. Jahrhundert.

Die vulgäre Bezeichnung *Vettel* (liederliches, hässliches altes Weib) wurde zunächst rein studentensprachlich verwendet. Abgeleitet hatte man das Wort von lateinisch *vetula* (altes Weib [meist verächtlich]), einer substantivierten Form des Adjektivs *vetulus, -a, -um* (ältlich), das eine Verkleinerungsform des Adjektivs *vetus, veteris* (alt) ist.

Übrigens: Vom Adjektiv *vetus, veteris* abgeleitet ist auch lateinisch *veteranus, -a, -um* (alter, erprobter Soldat), aus dem vereinzelt schon im 16. Jahrhundert, häufiger aber im 18. Jahrhundert das Fremdwort *Veteran* entlehnt wurde.

Vogt

Älteste belegte Form: 8. Jahrhundert.

Einer der berühmtesten *Vögte* ist ja ein fiktionaler, nämlich der *Landvogt* Hermann Gessler aus Friedrich Schillers Drama «Wilhelm Tell». Die historischen Funktionen *Landvogt, Burgvogt, Deichvogt, Fronvogt, Hardesvogt, Strandvogt* usw. wurden zum Teil bis ins 19. Jahrhundert hinein ausgeübt. Die Bezeichnung *Vogt* (althochdeutsch *fogāt*) für den landesherrlichen Verwaltungsbeamten wurde aus mittellateinisch *vocatus* entlehnt, einer Kurzform aus lateinisch *advocatus* (der Herbeigerufene, Sachverständiger, Rechtsbeistand). Zugrunde liegt das lateinische Verb *advocare* (herbeirufen, einen Sachverständigen/Rechtsbeistand nehmen), das aus *ad* (zu, nach, an, bei) und *vocare* (rufen, anflehen, [ein]laden, benennen) zusammengesetzt ist.

Übrigens: Das Fremdwort *Advokat*, das natürlich auch auf lateinisch *advocatus* bzw. *advocare* zurückgeht, lässt sich erst für das 14. Jahrhundert nachweisen. Selbst die Bezeichnung für die Frucht *Avocado* geht, wenn auch nur in gewisser Weise, auf *advocatus* zurück. Das Substantiv *Avocado* wurde nämlich im 20. Jahrhundert aus spanisch *avocado* (Advokat), heute *abogado*, entlehnt. Das jedoch ist eine volksetymologische Umdeutung von *ahuacatl* (eigentlich: «Hoden»), einem Wort aus dem Nahuatl (einer mittelamerikanischen Sprache).

Wall

Älteste belegte Form: 13. Jahrhundert.

Im Zweiten Weltkrieg sollten die Panzersperren des *Westwalls* den Vormarsch der Alliierten bremsen, heute dienen die Reste seltenen Tieren und Pflanzen als Rückzugsraum. Die alten Römer wollten sich mit der *Wallanlage* des Limes die Germanen vom Leibe halten. Letztere haben von Ersteren dann die Bezeichnung *Wall* entlehnt, und zwar von lateinisch *vallum*. Die Römer meinten damit allerdings noch nicht die gesamte Aufschüttung aus Erde oder Steinen, sondern nur das darauf befindliche Pfahlwerk, *vallum* ist nämlich von *vallus* (Pfahl, Palisade) abgeleitet.

Wanne

Älteste belegte Form: 9. Jahrhundert.

Es ist ein vielleicht ziemlich plumper, aber irgendwie doch auch niedlicher Scherz, dass Castrop-Rauxel der lateinische Name von Wanne-Eickel sei. Lateinisch ist weder das eine noch das andere. Während der Name des Stadtteils Wanne auf «Gewann» (in mehrere Streifen aufgeteiltes [Acker-]Gelände) zurückgeht, verweist *Wanne* (althochdeutsch *wanna*) allerdings als längliches, oben offenes Gefäß (in dem wir auch gern mal planschen) auf lateinisch *vannus* (Schwinge, Wanne).

waten, Watt

Älteste belegte Form: *waten* 11. Jahrhundert, *Watt* 17. Jahrhundert.

Die Ölkrise: Vor allem die Großstädte litten damals – trotz autofreier Sonntage – unter bitterem Energiemangel. Sie standen einfach viel zu wenig unter Strom. Ist es nun wahr oder nur gut erfunden? In dieser Situation soll nämlich der Bürgermeister einer Küstenstadt einer westdeutschen Großstadt dadurch unter die Arme gegriffen haben, dass er als Gastgeschenk ein Kilo *Watt* mitbrachte. Ob es geholfen hat? Sprachlich jedenfalls gehört *Watt* zu *waten*. Und *waten* wiederum hängt mit lateinisch *vadare* (waten, durchschreiten) und *vadum* (Furt) zusammen. Ob «zusammenhängen mit» aber auch «entlehnt sein von» heißt, ist arg ungewiss.

Übrigens: Die Maßeinheit für die elektrische Leistung *Watt* ist nach dem schottischen Ingenieur James Watt (1736–1819) benannt.

Weiher

Älteste belegte Form: 12. Jahrhundert.

Vom Biber bis zum Fischotter, von der Stockente bis zum Blesshuhn, von der Ringelnatter bis zur Blindschleiche, vom Bergmolch bis zur Gelbbauchunke, von der Karausche bis zum Schlammbeißer, von der Libelle bis zum großen Wasserfloh: An, in und über so einem richtig krautigen *Weiher* wuselt das pure Leben. Ja, und das drückt sich insgeheim auch im Wort selbst aus. Denn *Weiher* (althochdeutsch *wī[w]āri*) wurde aus lateinisch *vivarium* (Tierkäfig, Tiergarten, Fischteich) entlehnt; so gab es in Colonia Agrippina (= Köln) im 2. Jahrhundert einen Bärenkäfig, der mit *vivarium* bezeichnet wurde. Das Substantiv *vivarium* ist eine Substantivierung von *vivarius, -a, -um* (zu lebenden Tieren gehörig), das zu *vivus, -a, -um* (lebendig, lebend) gehört. Dies wiederum ist auf das Verb *vivere* (leben) zu beziehen.

Weiler

Älteste belegte Form: 12. Jahrhundert.

Wenn man im Rheinland weilt, «*weilert*» es schon arg. *Ahrweiler, Auweiler, Brauweiler, Eschweiler, Etzweiler, Gereonsweiler, Hasselsweiler, Kinzweiler, Mariaweiler* und, und, und: An Ortsnamen auf *-weiler* kommt man kaum vorbei. Auch an der Mosel, in Schwaben, Franken und im Elsass trifft man auf sie. Entlehnt wurde das Wort über mittelhochdeutsch *wîler* und althochdeutsch *-wīlāri* (dort nur als Grundwort von Ortsnamen) aus dem mittellateinischen *villari*, das wiederum von lateinisch *villa* (Landhaus) abgeleitet ist.

Wein, Winzer

Älteste belegte Form: *Wein* 8. Jahrhundert, *Winzer* 9. Jahrhundert.

«Mir geht es wie dem Jesus, nur hab ich nicht die Klasse. / Denn ich verwandle nur den *Wein* in Wasser, das ich lasse.» (Aus einem Wolfgang-Ambros-Lied) Nicht anders ging es wohl einst den alten und jungen Germanen, denen die Römer reinen *Wein* eingeschenkt haben. Wie so viele Wörter aus der Landwirtschaft und dem Gartenbau wurde auch das Wort *Wein* (althochdeutsch *wīn*) aus dem Lateinischen entlehnt, und zwar bereits ins Germanische, aus *vinum* (Wein). (Das ganze *Weingetue* kannten weder Römer noch Germanen: die Glücklichen!) Die Römer selbst haben das Wort wohl aus einer Sprache des Gebiets um das Schwarze Meer (= Pontus Euxinus), der Wiege der Weinkultur, entlehnt (im Georgischen etwa heißt Wein *gwino*). Aber aus welcher Sprache genau, das wissen die Etymologen nicht. Darum bleiben wir beim Lateinischen. Und so führen wir auch den *Winzer* (althochdeutsch *wīnzuril*) auf das Lateinische zurück, genauer auf *vinitor* (Weinleser, Winzer), woraus er im 9. Jahrhundert entlehnt wurde.

Wicke

Älteste belegte Form: 9. Jahrhundert.

Obschon sich *Wicke* aus gleichbedeutend lateinisch *vicia* ableitet, findet sich diese Ableitung nur im Niederländischen und im Deutschen, nicht jedoch in den romanischen Sprachen. Das Substantiv *vicia* hat wohl mit den Verben *vincire* (binden) oder spät-/vulgärlateinisch *viere* (flechten) zu tun.

Winzer ↑ Wein, Winzer

Z

Zelle ↑ Keller, Kellner, Zelle

Zepter

Älteste belegte Form: 12. Jahrhundert.

Das *Zepter*, den Herrscherstab, zu schwingen ist schon ganz, ganz lange üblich. Wahrscheinlich haben indogermanische Nomaden einige Tausend Jahre vor Christus aus den heute südrussischen Steppengebieten ihre Hirtenstäbe als Vorbild auf den Balkan und bis nach Griechenland mitgebracht. Das Substantiv *Zepter* (mittelhochdeutsch *cepter*) wurde aus lateinisch *sceptrum* (Zepter) entlehnt. Das lateinische Substantiv wiederum war aus griechisch *skēptron* (Stab, Zepter, Stütze) übernommen worden, das zu griechisch *skḗptein* (stützen) gehört.

Ziegel

Älteste belegte Form: 9. Jahrhundert.

Technisch waren die Römer ja recht pfiffig. Das betraf vor allem auch das Bauen. Kein Wunder also, dass sich die Germanen da etliches abgekuckt und auch gleich die entsprechenden Wörter – in passende Form gebracht – übernommen haben. Beim Hausbau geht das vom ↑ *Keller* bis zum *Dachziegel*. Der *Ziegel* (althochdeutsch *ziegal[a]*) wurde aus lateinisch *tegula* (Dachziegel) entlehnt, das auf *tegere* (decken, bedecken) zu beziehen ist.

Zoll

Älteste belegte Form: 8. Jahrhundert.

Seinen sprachlichen Tribut wollen wir nun auch dem Substantiv *Zoll* (mittelhochdeutsch/althochdeutsch *zol*) *zollen*. Das Wort wurde aus mittellateinisch *toloneum*, zu lateinisch *teloneum/telonium* (Zollhaus), entlehnt, das seinerseits auf griechisch *telṓnion* (Zoll[haus]) zurückgeht, das mit *télos* (Ziel, Grenze) zusammenhängt.

Zwiebel, zwiebeln

Älteste belegte Form: 11. Jahrhundert.

«Wat man nich selber weiß, dat muss man sich erklärn», wusste schon Jürgen von Manger alias Adolf Tegtmeier. Und genau so macht es die Volksetymologie: Sie deutet Unbekanntes nach bekanntem Muster (vergleiche etwa ↑ Armbrust). So wurde das Wort *Zwiebel* schon im Althochdeutschen (*z[w]ibollo/zibollo/zibolla*) als *zwie-bolle*, also als zweifache Bolle oder zweifache Knolle, verstanden. Damit hat die *Zwiebel* aber ursprünglich gar nichts zu tun, wurde sie doch aus mittel- bzw. spätlateinisch *caepola, cipolla, cepulla* (Zwiebel) entlehnt, das wiederum auf lateinisch *cepula* beruht, einer Verkleinerungsform von *cepa* (Zwiebel).

Übrigens: Das Verb *zwiebeln* ist seit dem 16. Jahrhundert belegt und hieß zunächst nur «mit Zwiebeln zubereiten». Die übertragene Bedeutung «quälen» hat sich erst ab dem 17. Jahrhundert entwickelt.

Quellen

Bücher

Apicius, Marcus Gavius (1997): De re coquinaria / Über die Kochkunst. Stuttgart.

Erhardt, Heinz (1974): Das große Heinz Erhardt Buch. Reinbek.

Hasenclever, Walter (1996): Gesammelte Werke. Bd. II.1. Mainz.

Mackowiak, Klaus (2011): Verdichtete Dichter. In: All Hennaschess. von und zu witz. Jahrbuch 5/2010 des Literaturhauses Liechtenstein. Triesen.

Musil, Robert (1978): Der Mann ohne Eigenschaften. In: Gesammelte Werke. Reinbek.

Nietzsche, Friedrich (1988): Also sprach Zarathustra. 18. Aufl. Stuttgart.

Quintilianus, Marcus Fabius (2016): Institutio Oratoria. 2. Aufl. Wroclaw.

Seneca, Lucius Annaeus (2021): Epistulae morales ad Lucilium / Briefe an Lucilius über Ethik. Teil 1 und Teil 2. Stuttgart.

Shakespeare, William (2014): King Richard III / König Richard III. Stuttgart.

Vitruv (1987): Zehn Bücher über Architektur. 4. Auflage. Darmstadt.

Internet

Die Ruodlieb-Fragmente in der Bibliotheca Augustana, besonders Ruodlieb XIII, 14: http://www.fh-augsburg.de/~harsch/Chronologia/Lspost11/Ruodlieb/ruo_fr10.html

Referenzkorpus Althochdeutsch: https://korpling.german.hu-berlin.de/annis3/ddd

Literatur

Bücher

Allgeier, Karl / Bauschulte, Meinolf / Wollgarten, Richard (2010): Neuer Aachener Sprachschatz auf der Grundlage des Werkes von Will Hermanns. Aachen.

Duden (2020): Das Fremdwörterbuch. 12. Aufl. Berlin.

Duden (1999): Das große Wörterbuch der deutschen Sprache. 3., völlig neu bearbeitete und erweiterte Aufl. Mannheim.

Duden (2020): Das Herkunftswörterbuch. 6. Aufl. Berlin.

Duden (2022): Die Grammatik. 10. Aufl. Berlin.

Eisenberg, Peter (2018): Das Fremdwort im Deutschen. 3. Aufl. Berlin, New York.

Ferrara, Silvia (2021): Die große Erfindung. Eine Geschichte der Welt in neun geheimnisvollen Schriften. München.

Gemoll, Wilhelm / Vretska, Karl (2006): Gemoll. Griechisch-deutsches Schul- und Handwörterbuch. 10., neu bearbeitete Edition. München.

Georges, Karl Ernst (1988): Ausführliches lateinisch-deutsches Handwörterbuch. 2 Bde. Unveränderter Nachdruck der achten verbesserten und vermehrten Auflage von Heinrich Georges, Hannover / Leipzig 1913. Darmstadt.

Grimm, Jacob und Wilhelm (1854–1960): Deutsches Wörterbuch. Leipzig. Nachdruck: München 1984.

Guhe, Eberhard (2008/2013): Einführung in das klassische Sanskrit. Wiesbaden.

Haarmann, Harald (2001): Kleines Lexikon der Sprachen. Von Albanisch bis Zulu. München.

Habel, Edwin / Gröbel, Friedrich (2008): Mittellateinisches Glossar. Stuttgart.

Keller, Rudolf E. (1995): Die deutsche Sprache. 2. Aufl. Hamburg.

Kluge, Friedrich (2011): Etymologisches Wörterbuch der deutschen Sprache. Bearbeitet von Elmar Seebold. 25. Aufl. Berlin / New York.

Koepf, Hans / Binding, Günther (2019): Bildwörterbuch der Architektur. 5. Aufl. Stuttgart.

Kühner, Raphael u. a. (2021): Ausführliche Grammatik der lateinischen Sprache. Neuauflage. Darmstadt.

Kytzler, Bernhard / Redemund, Lutz (2007): Unser tägliches Latein: Lexikon des lateinischen Spracherbes. Mainz.

Mackowiak, Klaus (2012): Cäsars Vermächtnis. Wörter und Wendungen lateinischer Herkunft. Mannheim.

Maier, Bernhard (2010): Namen und Wörter keltischen Ursprungs. 3. Aufl. München.
Müller, Josef (Hrsg.) (1928): Rheinisches Wörterbuch. Bonn.
Munske, Horst Haider / Kirkness, Alan (Hg.) (1996): Eurolatein. Das griechische und lateinische Erbe in den europäischen Sprachen. 5. Aufl. Tübingen.
Mylius, Klaus (2005): Sanskrit – Deutsch. Deutsch – Sanskrit. Wörterbuch. Wiesbaden.
Nübling, Damaris / Dammel, Antje / Duke, Janet / Szczepaniak, Renata (2013): Historische Sprachwissenschaft des Deutschen. Eine Einführung in die Prinzipien des Sprachwandels. 4., komplett überarbeitete und erweiterte Aufl. Tübingen.
Palmer, Leonard R. (2000): Die lateinische Sprache. 2. Aufl. Hamburg.
Pfeifer, Wolfgang (2000): Etymologisches Wörterbuch des Deutschen. München.
Polenz, Peter von (2000): Deutsche Sprachgeschichte. 3 Bde. 2., überarbeitete und ergänzte Aufl. Berlin / New York.
Rix, Helmut (1998): Schrift und Sprache. In: Die Etrusker. Geheimnisvolle Kultur im antiken Italien. Sonderausgabe. Stuttgart.
Rubenbauer, Hans / Hofmann, J. B., neubearbeitet von Rolf Heine (1995): Lateinische Grammatik. München.
Schleuner, Albert (2020): Kirchenlateinisches Wörterbuch. Hildesheim / Zürich / New York.
Stroh, Wilfried (2008): Latein ist tot, es lebe Latein. Kleine Geschichte einer großen Sprache. Berlin.
Vossen, Carl (1999): Mutter Latein und ihre Töchter. Europas Sprachen und ihre Herkunft. Düsseldorf.
Walde, Alois / Hofmann, Johann Baptist (2008): Lateinisches etymologisches Wörterbuch. 3 Bde. 6. Auflage. Heidelberg.
Weeber, Karl-Wilhelm (2006): Romdeutsch: Warum wir alle Lateinisch reden, ohne es zu wissen. Frankfurt am Main.
Wijk, N. van (Hg.) (1949): Franck's etymologisch Woordenboek der nederlandsche Taal. 2. Aufl. 's-Gravenhage.

Internet

Deutsches Wörterbuch von Jacob und Wilhelm Grimm: https://www.dwds.de/d/wb-1dwb
Digitales Wörterbuch Niederdeutsch (dwn): https://www.niederdeutsche-literatur.de/dwn/index.php
Duden online: https://www.duden.de/woerterbuch
Etymologisches Wörterbuch des Althochdeutschen (1988–2021): https://ewa.saw-leipzig.de
Institut für deutsche Sprache: Grammis – Verzeichnis grundlegender grammatischer Fachausdrücke: https://grammis.ids-mannheim.de/vggf?termini=both

Register der Fremdwörter und der mittelbar aus dem Lateinischen entlehnten Lehnwörter